JOHNSON  REPRINT  CORPORATION

NEW YORK  &  LONDON

1973

*Library of Congress Cataloging in Publication Data:*

Durel, Lionel Charles, 1885–
    L'œuvre d'André Mareschal, auteur dramatique, poète et romancier de la période de Louis XIII.

    Original ed. issued as v. 22 of the Johns Hopkins studies in Romance literatures and languages.
    Originally presented in part as the author's thesis, Johns Hopkins University, 1928.
    Bibliography: p.
    1. Mareschal, André, fl. 1631–1646. 1. Title. II. Series: The Johns Hopkins studies in Romance literatures and languages, v. 22.
PQ1820.M24Z72   1973      848'.4'09      72-11863
ISBN 0-384-13390-8

# L'ŒUVRE d'ANDRÉ MARESCHAL

THE JOHNS HOPKINS STUDIES IN ROMANCE LITERATURES
AND LANGUAGES

VOLUME XXII

# L'ŒUVRE d'ANDRÉ MARESCHAL

## AUTEUR DRAMATIQUE, POÈTE ET ROMANCIER DE LA PÉRIODE DE LOUIS XIII

BY

LIONEL CHARLES DUREL

THE JOHNS HOPKINS PRESS
BALTIMORE, MARYLAND

LONDON: HUMPHREY MILFORD
OXFORD UNIVERSITY PRESS

SOCIÉTÉ D'ÉDITION "LES BELLES LETTRES," PARIS

1932

PRINTED IN THE UNITED STATES OF AMERICA
BY J. H. FURST COMPANY, BALTIMORE, MARYLAND

A
PIERCE BUTLER

# TABLE DES MATIÈRES

# INTRODUCTION

La littérature française de 1625 à 1650 est en voie de transformation, la tragédie classique est créée à cette époque, la comédie veut se former, le roman tâtonne, la poésie de plus en plus s'achemine vers le culte de la forme et néglige l'inspiration, la critique littéraire devient plus vigoureuse. Cette littérature n'est pas l'œuvre seule des grands auteurs, car toute une génération y a travaillé, mais cependant ce n'est que lentement que la critique moderne découvre les noms de second ordre. André Mareschal qui a joué son rôle dans l'évolution littéraire de son temps n'a jamais été jusqu'à présent l'objet d'une étude particulière. Quelques savants modernes se sont occupés de lui. MM. Chardon, Lanson, Lachèvre, Marsan, Fest, Reynier, Michaut, Bray en ont parlé, mais ils se sont bornés à étudier certains aspects de son œuvre. MM. Körting, Küchler et Lancaster se sont intéressés, les deux premiers au roman de Mareschal, le dernier à son théâtre. Fournier a publié une de ses comédies. Eudore Soulié et Georges Monval ont assuré la publication de deux actes portant la signature de Mareschal.

Nous nous proposons en cette étude de faire une revue complète de l'œuvre de Mareschal. D'abord poète lyrique, cet auteur a publié un long roman psychologique et a composé pour la scène trois tragi-comédies libres, une tragi-comédie et deux tragédies suivant les règles et trois comédies. Son théâtre montre une évolution intéressante, puisqu'il débute comme ardent partisan de toute liberté et termine en fidèle observateur des règles. Toutes ses œuvres de jeunesse débordent d'exubérance; mais la nécessité de plaire au public l'emporta sur son désir d'écrire à son gré, et il finit sa carrière sous l'influence de Corneille, dont les sujets romains à technique savante étaient des plus applaudis. Nous espérons pouvoir faire ressortir cette évolution dans l'art de Mareschal, nous nous proposons d'examiner ses sources, ses études de caractère, sa critique des mœurs

9

de son époque, de faire comprendre, en somme, son rôle modeste, mais non négligeable dans la littérature du second quart du dix-septième siècle.

Nous commencerons notre travail en offrant ce que nous avons pu trouver de détails biographiques. La vie de Mareschal n'a point intéressé ses contemporains; les auteurs qui ont traité l'histoire du théâtre en France plus tard n'ont rien pu trouver. François Colletet ne paraît pas avoir fait la biographie du poète. Pellisson, Sorel, Goujet, Niceron, le père Lelong, Beauchamps, d'Aubignac, Baillet, Guéret n'en parlent pas; Mouhy même n'ose broder n'ayant rien à inventer; Chappuzeau en 1674 ne peut que lui attribuer deux pièces, *le Capitan Fanfaron* et *Torquatus,* pièce qui n'est pas de Mareschal, mais de Faure. Les frères Parfaict et La Vallière ne connaissent que les pièces de théâtre d'Antoine Mareschal, avocat au Parlement. Jal n'offre rien, Fournier se contente de citations prises aux préfaces et dédicaces de Mareschal dans son introduction à sa réimpression du *Railleur.*

Ce travail est le résultat d'études et de recherches faites sous la direction de M. H. Carrington Lancaster, d'abord dans les bibliothèques de l'Université de Chicago, puis à Paris à la Bibliothèque Nationale, à l'Arsenal, à la Mazarine et finalement à l'Université Johns Hopkins. Dans un premier chapitre se trouveront des détails biographiques et une étude des œuvres de Mareschal de nature non-dramatique, puis trois chapitres seront consacrés à son théâtre. Le premier traitera des pièces libres, le second des comédies, le troisième des pièces faites dans les règles. Un chapitre résumera l'œuvre de Mareschal et sera suivi d'un appendice dressant la liste des ouvrages de notre auteur et d'une bibliographie.

C'est au docteur Lancaster que vont mes grands remercî-ments, car c'est lui qui a rendu ce travail possible. Par ses conseils, par sa solide érudition il m'a servi de guide, m'offrant ses connaissances profondes du théâtre français avec une bienveil-lance accueillante. Je dois aussi remercier les bibliothécaires des universités Cornell et Princeton de m'avoir communiqué les deux éditions du roman de Mareschal. Cornell a bien voulu me prêter celle de 1627, exemplaire unique en Amérique. A Paris j'ai trouvé le meilleur accueil dans toutes les biblio-thèques. M. Auguste Rondel et M. A. Farault de Niort m'ont aidé dans la mesure de leur pouvoir. MM. Gustave Lanson, Frédéric Lachèvre, Gustave Reynier, Hippolyte Roy, Emile Magne, Walter Küchler ne m'ont point refusé leur concours dans mes recherches biographiques. MM. E. C. Byam, Richard Parker, Gustav Gruenbaum, Gilbert Chinard, René Lamar ont aussi droit à mes remercîments car ils m'ont aidé en plus d'un point.

# CHAPITRE PREMIER

BIOGRAPHIE, POÉSIES, ROMAN

Notre biographie sera des plus maigres, car nous n'y indiquerons que ce qui concerne Mareschal exclusivement. Personne n'a signalé la date de la naissance de ce poète dont le prénom même n'a pas été fixé car, souvent, ses œuvres dramatiques sont attribuées à Antoine, celles de jeunesse à André. Il est évident qu' André et Antoine Mareschal ne sont qu'une seule et même personne, car on n'aurait guère pu trouver à Paris à la même époque deux auteurs, tous deux avocats au Parlement qui signent A. Mareschal et font mettre tout simplement l'initiale " A " sur la page de titre de la plupart de leurs ouvrages. Des hommes de loi tenant à s'assurer la gloire de leur œuvre individuelle et ayant la même initiale se seraient certainement servi de leur prénom, et Mareschal était trop jaloux de sa gloire pour permettre à un autre de se réclamer de son nom. De plus l'humeur batailleuse des préfaces des diverses œuvres n'aurait certainement permis ni à l'un ni à l'autre de laisser l'ombre d'un doute sur la personnalité de l'auteur s'il y avait eu deux A. Mareschal. Du reste le prénom d'Antoine ne figure qu'une seule fois dans toute l'œuvre de Mareschal et encore dans un privilège, celui de *l'Inconstance d'Hylas,* et c'est à la suite de cette erreur que le nom d'Antoine s'est trouvé attaché à notre poète dramatique. A l'Arsenal se trouve un exemplaire du *Véritable Capitan* qui porte bien le prénom d'André. Or dans la préface du *Railleur,* Mareschal parle de *l'Inconstance d'Hylas* qu'il a faite et du *Véritable Capitan* qu'il fera publier. En outre, on retrouve le prénom d'André dans *les Fevx de Ioye* ainsi que dans le privilège de *la Chrysolite.* Mareschal signe *A. Mareschal* dans deux actes notariées,[1] tandis que dans le corps des actes se trouve le nom, *André Mareschal,* accompagné de cette désignation " noble homme, aduocat en la Cour de Parlement." Il est donc permis de conclure que c'est le même

---

[1] Actes retrouvés et publiés par les soins de MM. Soulié et Monval; *la Correspondance littéraire,* 25 janvier 1865 et *le Moliériste,* IX, 208-209.

Mareschal qui a écrit poésies, romans et pièces et que son prénom est bien André.

Körting [2] semble croire que Mareschal était déjà un homme fait quand, en 1626, il composa la *Chrysolite*. Il se fonde sur la connaissance du cœur humain qui s'y trouve et sur la culture générale que le roman révèle. Körting se trompe, Mareschal n'appartient pas au seizième siècle par sa naissance; il est bien né au dix-septième, car l'imprimeur des *Fevx de Ioye* en 1625 nous déclare que le poète est en " ses jeunes ans." Ce même recueil nous apprend que Mareschal était lorrain car dans une pièce " liminaire " un sien cousin l'appelle " ce parfait miracle Lorrain " et la feuille de titre porte le nom " d'André Mareschal lorrain." Dans ce recueil l'auteur chante les louanges des Chevreuse et de Paris; son profond attachement à la maison de Lorraine saute aux yeux et nous y voyons le provincial émerveillé des splendeurs de Paris au moment du mariage d'Henriette de France avec le futur Charles Ier d'Angleterre. Cette petite plaquette et la protection des Chevreuse lui valurent une place dans un recueil des grands poètes de 1626, œuvre faite par le commandement du comte de Moret, ardent partisan, comme la maison de Lorraine, de Gaston d'Orléans, autour duquel se groupaient les adversaires de Richelieu. Mareschal se trouve en belle et nombreuse compagnie. A côté du maître Malherbe, Mareschal se range comme un de ses écoliers tout comme Racan, Maynard, Boisrobert, de l'Estoile, de Lingendes, Touvant, Motin, Monfuron, Tristan, la Picardière, Forget, Callier, de Crémail, Le Brun, Méziriac, Beaumont-Harley et De Bellau. La présence de Mareschal fut mal accueillie par un certain de Tornes dont la critique est restée à l'état de manuscrit jusqu'à sa publication par M. Lachèvre.[3] Parce que ce ne fut pas sans doute la seule critique, Mareschal se retira volontairement des recueils suivants. Il annonce sa résolution dans la préface de ses *Autres œuvres poétiques* où il proclame le désir de faire à sa manière, de garder son indépendance, de ne pas soumettre sa Muse à un sévère travail. De plus, il laisse percer une pointe de vanité et

---

[2] Körting, *Geschichte des französischen Romans im XVII Jahrhundert*.

[3] MS. No. 19145 de la Bibliothèque Nationale, publié par les soins de M. Lachèvre à la page 8 du *Supplément des Recueils collectifs de poésies*.

déclare qu'il a produit assez pour avoir son coin à lui. Ces poésies font voir un jeune homme qui veut se consacrer à la littérature et en vivre, car les compliments sont légion à ceux qui peuvent payer de leurs deniers les louanges ou à ceux qui peuvent rendre service. Louis XIII est glorifié, le Prince de Phalsbourg et les Chevreuse sont vantés. Ce même recueil fait savoir que le poète n'a jamais été heureux en amour pour avoir aspiré trop haut. Mareschal travaille avec ardeur car à la même époque il écrivait sa *Chrysolite* où se retrouve ce même désir de faire un roman bien à lui, une œuvre réaliste qui étudiera l'homme sur le vif, il espère que son roman sera le secret des autres! Le roman à peine fini, Mareschal commence *la Généreuse Allemande,* tragi-comédie en deux journées avec préface retentissante où il s'attaque aux doctes, trouvant à redire aux dramaturges comme il s'en est pris aux poètes et aux romanciers qui ne pensent pas comme lui. Malgré travaux et controverses littéraires il faisait ses études en droit. Dans *la Chrysolite* il dépeint les jeunes clercs d'avocat et leurs maîtres avec un plaisir et une fierté évidents. Il devint avocat au Parlement de Paris avant le 2 juillet 1630, car ce jour-là "noble homme maistre, André Mareschal aduocat en la Cour de Parlement"[4] a fourni à Pierre Rocolet le livre intitulé *la Généreuse Allemande* dont il a retiré la somme de 125 livres tournois. Faire publier un livre de la grosseur de cette tragi-comédie et se le faire payer est une assez jolie réussite. Notre poète venait peut-être de passer les épreuves de réception au Parlement de Paris qu'il déclare fort rudes dans *la Chrysolite.* En effet "la dignité d'aduocat ne peut être conférée qu'à ceux qui ont déjà le degré de Docteur, ou pour le moins de Licentié au droit civil ou canon" nous apprend Charles Loyseau.[5] C'est aussi vers 1629-1630 que Mareschal faisait jouer *l'Inconstance d'Hylas.* Il était vraiment infatigable!

Mareschal, patronné des Chevreuse, des Moret, des Phalsbourg, de Louis de Lorraine, partisans de Gaston d'Orléans, a bien pu obtenir le poste de bibliothécaire de ce prince, car nous retrouvons une lettre de Richelieu, datée du 31 décembre 1632[6]

[4] Acte publié dans *le Moliériste*, IX, 208-9.
[5] *Traité des ordres*, Cologni, 1613, p. 122.
[6] *Arch. des affaires étrangères, France*, 1632, tome 55, fol. 538.

en faveur du Sieur Mareschal, bibliothécaire de Monsieur. Le Cardinal-Duc y déclare : " Je prends la plume pour vous (Bouthillier) prier d'en dire un mot au roy, à ce qu'il plaise à Sa Majesté de l'excepter du nombre des officiers de Monsieur qui ont commandement de sortir du royaume. Outre que c'est vn bon homme qui ne se mesle point d'affaires, il a fait déclaration pardevant les juges de Tours, là où il est, portant qu'il n'entend point suivre Monsieur, mais demeurer dans l'obéissance qu'il doit au Roy." Peu après, Mareschal dédie sa *Sœur Valeureuse* au Maréchal de Créqui, ardent partisan de Richelieu, l'auteur essuya un refus dont le Cardinal même le dédommagea en acceptant la dédicace du *Railleur* où se prodiguent remerciements et compliments.

En même temps Mareschal conservait de bons amis dont il ne manquait pas de faire imprimer les louanges en tête de ses pièces. Du Ryer et Rotrou composèrent d'élogieuses pièces " liminaires " à deux reprises pour deux de ses tragi-comédies. Des littérateurs en vogue lui rendirent ausssi le même service, Corneille aussi bien que Mairet et Scudéry. Mareschal devait alors mener joyeuse vie parfois, s'il faut en croire le fils de Colletet, qui dans la *Muse Coquette* [7] le place parmi les poètes qui furent inspirés par la dive bouteille. La liste que dresse Colletet est longue et Mareschal se trouve en nombreuse compagnie ; Racan, Maynard, Gombaud, Corneille, Théophile, Scudéry, Tristan, Beys, Benserade, Du Ryer, de l'Estoile, Scarron, Saint-Amant, Metel, Faret semblent avoir eu le même faible.

Les dédicaces indiquent que Mareschal après avoir accepté la protection de Richelieu ne s'attacha plus à une maison quelconque, car les pièces suivantes, *le Mausolée, la Cour Bergère, le Véritable Capitan* sont protégées par la haute finance, en la personne de Montauron, par l'Angleterre en son ambassadeur, Robert Sidney, par l'armée française représentée par le maréchal Ransau.

C'est le 30 juin 1643 que l'avocat André Mareschal dressa l'acte le plus important de sa carrière d'homme de loi. Les avocats d'alors remplissaient une grande partie de la procédure. Ils rédigeaient un certain nombre d'actes, avaient leurs banc au

---

[7] Année 1659, p. 157.

palais, une étude, un cabinet d'affaires,[8] avec l'âge ils devenaient
consultants,[9] car " en France n'avons point séparé les Orateurs
d'avec les Iurisconsultes, nous les comprenons tous sous nom
d'aduocat " nous dit Charles Loyseau.[10] Comme avocat con-
sultant " le noble homme André Mareschal, advocat en parlement " prépara le contrat de *l'Illustre Théâtre*. En homme qui
connaissait le théâtre, il sut non seulement préparer un acte qui
règlemente les droits des auteurs et des acteurs, mais connaissait parfaitement les rivalités d'actrices, Mareschal prévoit les
difficultés quant aux distributions de rôle, quant aux congés,
quant aux sorties de la troupe, etc. C'est un homme rompu aux
usages du théâtre qui a préparé le contrat qui fut d'abord publié
par Eudore Soulié, puis, plus exactement par Louis Moland,
ensuite étudié par Henri Chardon et finalement republié et
examiné par M. Michaut.[10a]

La carrière dramatique de Mareschal se termine par la publication du *Jugement équitable de Charles le Hardy* et du *Dictateur romain*. Cette dernière pièce, dédiée au duc d'Epernon, fut
probablement jouée par Molière. Avec cette œuvre Mareschal
disparaît. La date de sa mort est inconnue. Druhon déclare
qu'il est mort en 1645 [11] et cite à l'appui la *Bibliothèque du
Théâtre français*, qui n'en dit pas un mot. Dans les *Dossiers
bleus* d'Hozier, 427, No. 6, nous avons trouvé un morceau de
papier qui porte cette simple notation: " Antoine Mareschal,
avocat au Parlement, autheur dramatique, 1645, a fait beaucoup
de pièces." L'auteur de ces quelques mots a-t-il voulu indiquer
ce qu'il croyait être la date de la mort de Mareschal? Il s'est
trompé sur le prénom. Nous ne croyons pas que Mareschal
mourut avant 1648, car les éditions du *Dictateur romain* de
1646, 1647 et 1648 ne portent nulle indication de sa mort et à
cette époque il était la coutume de noter le décès de l'auteur
dont on publiait les œuvres.

[8] Ch. Normand, *la Bourgeoisie française au XVIIᵉ siècle*, p. 120;
R. Delachenal, *Histoire des avocats au parlement de Paris*; Compte
rendu, *Bibliothèque de l'Ecole des Chartres*, XLVII, 135.

[9] *Traité des ordres*, p. 123.

[10] *Traité des ordres*, p. 125.

[10a] *La Jeunesse de Molière*, pp. 104-112, Paris, 1922.

[11] *Livres à clef*, Paris, 1888.

## LES ŒUVRES POÉTIQUES DE MARESCHAL

*La Bibliographie des recueils collectifs de poésies, 1597-1700*
de M. Lachèvre, Paris, 1901, énumère[12] les titres des œuvres
poétiques de Mareschal. Ce sont bien:

1.  *Les / Fevx de Ioye / De la France, / sur l'hevrevse / Alliance d'Angle-*
    *terre / Et la Descente des Dieux en / France, pour honorer la /*
    *Feste de cette Alliance / Dediez / A Monseigneur / le DVC de*
    *trand Martin, ruë S. Iacques, / a la Vigne d'Orfin, devant les Mathu-*
    *Chevrevse / Par André Mareschal, lorrain / A Paris / Chez Ber-*
    *rins / M. DC. XXV / Avec Permission.*

2.  *Recveil / des plus beavx vers / de Messievrs / de / Malherbe, Racan,*
    *Monfvron, Maynard, Bois Robert, / l'Estoile, Lingendes, Tovvant,*
    *Motin, Mareschal / Et les autres des plus fameux esprits de la*
    *Cour / Par le commandement de Monseigneur / le comte de*
    *Moret*[13] */ A Paris / Chez Toussainct dv Bray, ruë sainct /*
    *Iacques, aux Espics Meurs / MDCXXVII, avec privilege du Roy,*
    *le 2 jour de juin 1626.*

3.  *Avtres / Œvvres / poëtiques / du Sr Mareschal / A Paris / chez*
    *Pierre Rocolet / au Palais / en la Gallerie des Prisonniers, / aux*
    *armes de la ville / M. DC. XXX / Avec privilege du Roy.* Ces
    œuvres sont imprimées à la suite de la seconde Journée de *la*
    *Generevse Allemande*, Paris, Pierre Rocolet 1631, la pagination
    étant continue.

4.  *Le Portrait / de la ievne / Alcidiane / Par A. Mareschal / A Paris /*
    *Chez la Vevve Iean Camvsat, ruë Sainct Iacques / à la Toyson*
    *d'or / M. DC. XLI.*[13a]

Nous avons retrouvé de Mareschal deux pièces "liminaires" une
faite pour Du Bail dont *le Roman d'Albanie et de Sycile* parut
à Paris, chez Pierre Rocolet, en 1626 et une autre pour *le Véri-*
*table Coriolan* de Chapoton en 1638.

*Les Fevx de Ioye de la France* ne sont qu'une petite plaquette
de 76 pages, dédiée au duc de Chevreuse. Mareschal débute
comme il le fera toujours par force compliments d'une exagération marquée. Ses vers sont "les enfants de vos mérites,"

---

[12] I, pp. 237-8 et IV, pp. 151-8.

[13] Moret faisait partie du conseil de vauriennerie de Gaston en 1627
selon M. Lachèvre, *Blot*, p. xv.

[13a] L'ouvrage n'est pas un roman comme l'a cru d'abord M. Lancaster,
*History of French Dramatic Literature in the Seventeenth Century*,
Part I, p. 326; on trouvera d'ailleurs une rectification de ce détail
dans la seconde partie de son ouvrage, p. 803.

" l'abrégé de vos vertus." " Une sevle lettre de vostre nom est
plus grande en mon Esprit que tous les escrits de Ronsard et
toutes les victoires d'Alexandre." Estienne Brun présente en
un sonnet *les Fevx de Ioye* que Mareschal, dit-il, a dû faire connaître par les feux de ses vers. Un cousin, C. Mareschal, en
une ode présente le second poème de la plaquette en disant que
les vers s'en distinguent par " tant d'ornement " en l'honneur
de " Cet Astre de nostre Prouince / Ce parfait miracle Lorrain."

L'imprimeur a jugé utile de présenter lui aussi la plaquette
en déclarant qu'elle ferait honte aux ouvrages de " longueur
ennuyeuse." Il ajoute qu'on y trouvera " force de pensées " et
" une diction si douce, si claire et non commune," " l'ordre, la
diversité et la richesse des vers." Il termine en exprimant la
crainte que l'auteur " en ses jeunes ans " ne s'offense de la
liberté que le libraire a prise de faire imprimer ces œuvres que
le poète ne destinait qu'au duc de Chevreuse.

L'œuvre entière se rapporte surtout au duc de Chevreuse, le
premier poème de 90 strophes de dix vers chante l'alliance
d'Angleterre accomplie par le mariage d'Henriette de France
au Prince de Galles, le futur Charles I$^{er}$, événement où Claude
de Lorraine et sa femme, la célèbre duchesse de Chevreuse jou-
èrent un rôle considérable. Le second poème du recueil s'inti-
tule: La / Descente / des Dieux / en France / Pour honorer la
feste des Alliances de la France et de l'Angleterre / Et pour
accompagner Madame en son voyage. Il se compose de huit
sonnets où l'Amour, le Soleil, Junon, Pallas, Henry le Grand,
Diane, Mars et Vénus s'adressent à tour de rôle à la France, à
Louis XIII, à la Reine-Mère, à la Reine, à Gaston d'Orléans, à
Henriette de France, au duc de Chevreuse et à sa duchesse. La
plaquette se termine par une ode au duc de Chevreuse en neuf
strophes de dix vers.

Dans son premier poème, Mareschal offre à son lecteur une
image claire et vive de la réjouissance de Paris le soir en 1625.
Le poète fait revivre ces immenses brasiers où

> Ces feux croissent de plus en plus
> Tout fume, tout brille, tout tonne
> (Voicy la France et l'Angleterre)
> Voicy ces deux yeux de l'Vniuers.

Paris a toujours été le même Paris, car le voilà chez **Mareschal**

" couronné d'éclats et de tonnerre, avec son fleuve ardent, ses
deux superbes ponts, la ioye allumant les canons." Malheureusement à sa description de Paris en fête, Mareschal a dû ajouter
force compliments des plus ordinaires aux grands et surtout
a-t-il péché par préciosité, cet ardent admirateur avoué du Cavalier Marin. " La fin sans fin de ce beau jour " amène " Cette
heureuse et fatale nuict " où " La Lune . . . croissant sembloit
descroistre " pour entrer au Louvre où sont de " Braves demy-
Dieux," entre autres " Ce grand Prince que la Lorraine / Fait
reluire aux bords de la Seyne." Quant à Henriette, l'épousée,
elle a tant d'appas que sa beauté surmonte celle de la mère du
poète! Quant au roi, il surpasse aisément Jupiter. L'œil d'Henriette vaincrait un Dieu, celui de Madame de Chevreuse le ren-
drait misérable. Chevreuse, lui, suit la trace de Mars et il est
" l'étonnement des Cieux, la merueille de la Terre "! Il part
mieux " accompagné que Iason " et Mareschal termine en lui
recommandant bien de faire d'illustres exploits afin de lui
assurer comme poète d'amples matières.

Le Recueil de 1626 que Toussainct du Bray publia sous la date
de 1627 montre Mareschal en illustre compagnie. Le libraire
annonce que les pièces du recueil sont toutes " sorties de Monsieur de Malherbe, et de ceux qu'il avouë pour ses écoliers."
Mareschal y est représenté par 17 morceaux, dont cinq sont pris
aux *Fevx de Ioye*, un a servi au roman de Du Bail, sept autres
feront partie du recueil que Mareschal publiera en 1630. Il ne s'y
trouve que quatre autres pièces; ce ne sont que des morceaux de
circonstance faits pour le moment et qui n'ont nulle importance
à part les quatre vers où le poète exprime une opinion peu favorable au sexe faible. En chantant la guérison du mari de Mlle
A, il s'y adresse à la femme en ces termes:

> Rare exemple de chasteté
> De qui la veritable gloire,
> Surmonte en sa fidelité
> De tout ce sexe la mémoire.

La présence de Mareschal dans ce recueil semble avoir été
assez mal accueillie, comme nous l'avons indiqué plus haut. Un
certain de Tornes protesta au nom d'Apollon contre " ce poète
nouveau / Qui vient troubler notre fontaine," " il fait horreur
à tous, car il ne lui faut ni fers ni clous à son Pégase qui vole."

Dans l'avant-propos au Lecteur des *Autres / Œuvres poëtiques / du Sr Mareschal,* l'auteur explique ce que M. Lachèvre ignorait sur la raison de son ostracisme des recueils subséquents. Mareschal y déclare s'être volontairement retiré de si illustre compagnie et il a besoin d'avouer, dit-il "que la facilité que ie treuue à faire des vers est presque le seul mouvement qui porte mon Génie à ce doux exercice où le plaisir et l'ardeur m'entretiennent sans contrainte aussi bien que sans peine; et que l'honneste et loüable dessein d'écrire ne me force pas assez pour violer le droict de ma paresse. Ainsi que ie conçois facilement, i'enfante sans travail et iamais deux moments ne m'ont tenu l'esprit arresté sur une mesme pensée." Il ajoute qu'il n'y a pas grand plaisir de se faire " d'Apollon un Dieu de sueur, ceux qui travaillent n'entrent que rarement dans le temple de la gloire. Quelle manie d'écrire des vers si contraints, si extravagants ou si lasches que le papier lorsqu'on le noircit en deuroit rougir." C'est par scrupule, ajoute-t-il, que " ie me suis retiré de ce beau Recueil de Vers où mon honneur estoit assuré par la compagnie de tant de noms glorieux de qui l'ombre seule estoit suffisante de faire creuer d'Enuie . . . ie me suis reserré tout seul à part en ce petit lieu reculé." " La raison iointe à mon courage m'a porté à cette resolution," car de ses ouvrages il veut " tout seul en auoir ou le blasme ou la satisfaction."

Ce recueil de six mille vers, Mareschal donne ce chiffre, se compose de huit genres de poésies; trois épigrammes, six stances, trois odes, huit sonnets, deux élégies, un tombeau, cinq chansons et cinq récits. La forme en est variée, mais hélas! non pas les sujets. Tous ces poèmes se rapportent, sauf une dizaine qu'il aurait mieux valu ne pas écrire, soit aux grands dont Mareschal quémande la faveur, soit aux amours malheureuses du poète. Mareschal chante Louis XIII et le prie:

> Grand Roy, vois tous ces Dieux à tes pieds abattus
> Adorables ailleurs, adorer tes vertus [14]

ce qui n'empêche nullement l'auteur dans la pièce suivante d'offrir des stances à l'Illustrissime Cardinal de Lorraine dans lesquelles il entrevoit celui-ci gouvernant le monde par le cœur aidé toutefois de son frère " par la force des armes." Mareschal

---

[14] *Le Soleil / Au Roy.*

célèbre la paix de défaite que le Prince de Phalsbourg rapporte
en Lorraine :

> Sur nous il n'est plus de tonnerre
> Nul mal ne nous peut arriver
> Et rien ne nous fera la guerre
> Que le vent, la pluye et l'Hyver.[15]

A côté de cette note claire et sincère, Mareschal greffe ce com-
pliment à ce prince :

> Enfin le Ciel rit à nos vœux
>
> .    .    .    .    .    .
>
> Et fait la Discorde fuir
> Moins pour obliger la Lorraine
> Que pour l'honneur de t'obeïr.[16]

La duchesse de Chevreuse, dont les charmes ont amené plus de
combats qu' Hélène, est toujours la

> Merveille de Beautez. . . .
> Qui sert à ce pays de Soleil et de iour [17]

Les offrandes s'adressent à des nobles, voire à des gens de robe.
Parmi celles-ci la première strophe du *Réveille-Matin d'Alidor,
Stances en faveur du Baron de Maupas* est ce qu'il y a de meil-
leur :

> Que ce iour est plaisant et beau
> Le Soleil au sortir de l'eau
> Sembloit rire à la terre en salüant le Monde :
> Ie pense qu'il auoit laissé
> Quelque Nymph au dessous de l'onde
> Qui l'auoit dans son lict cette nuict caressé.

Ces citations démontrent que Mareschal exagérait quand il
prétendait ne pas travailler ses vers, car on n'arrive pas sans
" sueur " à une telle régularité de versification.  Mareschal est
toujours facile à saisir, sa pensée est simple et claire, mais qu'il
a dû peiner pour entasser tant de qualificatifs et de métaphores
aux grands !  Vraiment notre poète se trompe, il a subi la double
influence de Malherbe et de Marini, deux maîtres qui exigeaient
de leurs disciples avoués travail et sueur pour arriver au résultat

---

[15] *A Monseigneur le Prince de Phaltzbourg / Pour Estrennes.*
[16] *A Monseigneur le Prince de Phaltzbourg / Pour Estrennes.*
[17] *A Madame la Duchesse de Chevreuse sur sa demeure en Lorraine et
les combats que l'on fit en son honneur.*

convoité. Il est à noter que Mareschal proclame fièrement sa dette à l'égard de l'Italien tandis qu'il s'imagine s'être libéré du joug de Malherbe.

Heureusement Mareschal ne s'est pas contenté d'encenser les grands, il a su chanter ses propres amours. A en juger par ses poésies, il a été toujours malheureux, car il perd invariablement la bien-aimée. Soit qu'elle l'oublie, soit qu'il ait aspiré trop haut, après avoir été agréé il est repoussé. Une fois il a visé si haut qu'il n'ose avouer ses sentiments; ailleurs c'est une vision masquée, entrevue à l'église mais qui reste inconnue. Cloris a la petite vérole, Phyllis lui est ravie par des parents qui la mettent en religion. Toutefois il est juste d'ajouter que cette même Phyllis, après avoir encouragé le poète, ne lui était pas demeurée fidèle.

Une note personnelle se fait voir parfois avec simplicité en des vers tels que :

> Mon nom n'est plus dedans sa bouche
> Mon amour a quitté son cœur
> Elle se plaist à ma longueur
> Sans que mon martire la touche
> Ces accents si doux autrefois
> Et de mon cœur et de ma voix
> N'ont plus de pouvoir aupres d'elle.
> Nous n'avons d'autre passion,
> Elle qu'à se rendre infidelle
> Moy, qu'à mourir d'affection.[18]

Olympe profane ses sacrifices, elle est grande dame et le poète demande tout simplement :

> Ce temps qu'on vous a veu m'aymer
> Olympe, estiez-vous pas la même?[19]

Et puis à la fin vient la résignation :

> Et l'amour qui saisit mon ame
> Luy-mesme le vouant à Dieu
> Ne me laisse de nostre flamme
> Olympe, que le mot d'adieu.[20]

---

[18] Deuxième strophe de l'Ode: *Cette belle Reine des Ames* (Se trouve aussi dans le recueil de 1626).

[19] *Ode: Cette belle Reine des Ames*, 8e strophe.

[20] *Même Ode*, 27e strophe.

Quand le poète n'ose avouer son amour, il s'écrie:

> Moy-mesme ie nourry ma playe
> Ie suis si ialoux de mes pleurs
> Que ie ne veux pas qu'on essaye
> A me derober mes douleurs.[21]

De ces vers il ne faudrait pas conclure que Mareschal soit un romantique méconnu de 1630, car à côté de ce lyrisme pur et simple, il étale exagérations, banalités et préciosité. En voici des exemples:

> Que i'estime heureux ma prise
> Et mourrois de n'en mourir pas.[22]

Quand Phyllis le revoit, c'est " l'humaine " qui rit et persécute, et l'amant de dire:

> I'adore votre cruauté
> Qui me donne la liberté
>
> . . . . . . . . .
>
> Mourons; puis qu'aussi bien aux loys que ie doy suivre
> C'est mourir que de vivre.[23]

Cette même Phyllis, " beauté si rare," nous apprend le poète ailleurs, n'écrit pas, car " sa main est glacée et son cœur aussi." Quant à Dorimène, Mareschal va " Consumer ma flame dans mes pleurs," car:

> Il faut mourir; c'est le fruit de ma peine
> Vous le voulez, ingrate Dorimene
> Et mon amour consent à mon trépas.[24]

Mareschal a tenu à publier toutes ses œuvres poétiques et il a ajouté à la fin du recueil une dizaine de morceaux où il chante maquereau et maquerelle, courtisanes et vieillards jetés par la fenêtre par deux *volontaires*. Un récit pour un petit ballet de rien termine le volume, où amants, héros et nymphes débitent des platitudes.

Après le recueil de ses *Autres œuvres poëtiques,* Mareschal ne publia plus de poésies sauf le *Portrait de la Jeune Alcidiane,* qui ne semble être connu que de M. Lachèvre. M. A. Farault,

---

[21] *Stances: De plus beaux yeux que ceux d'amour,* 5e strophe.
[22] *Stances,* 1re strophe.
[23] *Chanson: Ne riez plus de mes pleurs.*
[24] *Chanson: Il faut mourir, c'est le fruit de ma peine.*

conservateur de la Bibliothèque municipale de Niort, a bien
voulu nous faire copier cette petite plaquette qui comprend une
épître à Mademoiselle d'O., un sonnet, une épigramme à cette
même personne, un avis au lecteur de sept pages. Le portrait
par lui-même se compose de cinquante-deux strophes de huit
vers.

Mareschal commence comme d'ordinaire en expliquant son
œuvre, en se défendant, tout en donnant quelques coups de griffe
à des adversaires anonymes. Avec un désir naïf de prôner
ses œuvres il nous apprend que ce portrait a fort couru Paris,
" comme un inconnu à force d'avoir été avoué." Il explique
que le nom d'Alcidiane lui vient " d'vn de nos plus fameux
Romans," avoue qu'il ne hait " point tant ces gallanteries d'Alliances et de Noms," et " demande grâce pour quatre ou cinq
stances " que la pudeur de la demoiselle n'a pu approuver; mais,
ajoute-t-il " il n'y a point de portrait de beauté sans le sein; du
reste peindre une gorge nuë n'est pas la montrer réellement."
C'est la modestie de la jeune fille qui a eu une fausse alarme;
" mouchoirs et collets n'ont pas failli à leur tâche," car il va
sans dire que le poète n'a point vu les détails intimes qu'il ne
décrit que d'imagination.

Mareschal annonce que " le style paraîtra nouveau malgré les
mille images tracées par les plus fertiles écrivains." Il est sûr
que son portrait n'est pas le meilleur, mais il le croit le plus
long et le plus achevé " en nostre langue." Il s'attaque à ces
" esprits stériles " qui " font les sobres et les retenus pour ce
qu'ils n'ont qu'un petit fonds, ils sont forts en promesses, faibles
en exécution." D'autres rejettent de leurs compositions " roses,
lys, diamants, perles, œillets, rubis, neige et corail " et " ils se
perdent dans toutes sortes de science pour ne pas être méta-
phoriques." Mareschal, lui, se servira des " choses les plus
rares, les plus brillantes que l'imagination pourra lui fournir."
Il va dépeindre le visage plutôt que l'esprit, le sein plutôt que
la doctrine. Mareschal reconnaît sa dette à l'égard du Cavalier
Marin dont l'Adone est responsable des traits les plus rudes et
les plus hardis.

En 1641, Mareschal proclame encore une fois sa liberté d'auteur en ces termes: " Ie ne blâme point la façon d'écrire de ceux
qui n'ayment pas celle-cy, ie laisse la liberté à chacun, mais ie
prétends qu'il me sera bien permis de soutenir la mienne. Oui,

ie fay gloire d'avoir imité ce Génie admirable." Il ajoute qu'il **a**
touché à Marin avec un scrupule de religion et qu'il ne lui a pris
que " le style et quelques légères couleurs non pas la touche ni
le dessein ni les traits."

L'histoire du Marinisme et du Gongorisme en France reste à
faire; quiconque l'entreprendra pourra puiser en ce portrait de
Mareschal; hyperboles, antithèses, métaphores, *concetti* et
*clinquant.* D'abord Mareschal se demande si pour faire ce portrait:

> l'Ancre est-elle un digne crayon?

En une invocation à Cupidon, il prie Amour de se faire peintre;
une de ses flèches sera le pinceau et " ses ailes pour crayon
formeront une plume." Puis Mareschal nous raconte qu'à la
conception de Mlle d'O : " L'illustre Sœur du Dieu des iours "
qui " naît et meurt douze [*sic*] fois l'année " " brilloit dans le
Ciel, d'Astres environnée"; puis, après que " Neuf fois son
front s'estoit perdu," Alcidiane fut tirée " de sa sombre et
natale maison " et Nature:

> Fit luire deux Soleils sur vn mesme Horison.

L'enfant grandit et posséda toutes les beautés de sa mère que le
poète chante en passant. Alcidiane " n'étalle point ni cache **sa**
beauté " et son portrait physique commence:

> Son teint est vn celeste fard
> Vn colory mêlé sans art
> Vn sensible cristal, vne viuante nuë
> Vne glace de chair, vn air de sang formé
> Vne fraîcheur vermeille, vn rayon animé
> L'éclat que rend l'Aurore nuë
> Vne quint'essence inconnuë
> Vn Ciel fait de iasmins, de roses parsemé.

Ses doigts sont de " pliants fuseaux, de potelez roseaux, des
rameaux d'albâtre, des remuants trésors, dix scauants écoliers
et de petits jaloux." Son front, " table de marbre," est sur-
monté de cheveux qui " pour n'en point partir font dessus mille
nœuds." Les sourcils, " ces mobiles forts," ont été noircis du
feu de ses beaux yeux; son nez est un beau tertre

> Qui separe à l'égal deux parterres de fleurs.

De ses lèvres, " corail respirant, œillets doublés," sortent un

" air d'ambre, de musque, de iasmin, le ris, la parole et le silence " même. Quant aux dents

> l'Orient perd l'espérance
> De faire comparer ses perles à ses dents,

qui sont de " petis rochers comme tuyaux formez " pour que sa voix en sorte plus belle. Son menton offre une fossette " Qui sert de lieu d'embûche " à l'Amour, " enfant folâtre " qui, " Niché dedans le creux de ce tremblant rocher," voit " ces boules de neige animées " avec leurs " Rouges fraizes d'amour. . . . Cerises de nectar et framboises de chair." Puis Mareschal remonte à ces :

> Clairs Soleils, Etoilles si nettes
> Flambeaux roulans, viues Planettes
> . . . . . . . . .
> Astres d'Amour, d'heureux presage
> Ames visibles du visage
> . . . . . . . . .
> Ces truchements du Cœur, ces fenêtres de l'ame,
> Clairs et viuants miroirs, Oracles d'vn Amant
> Ces Orateurs muets qu'on entend clairement
> . . . . . . . . .
> Douces prisons, d'aymables peines
> Magazins d'invisibles chaines
> . . . . . . . . .
> Doy-je les nommer des soleils
> Feux, éclats, Astres sans pareils?

Pour arriver à de tels vers il faut une technique serrée, car dans les cinquante-deux strophes de huit vers, l'arrangement métrique est rigoureusement observé ; les premiers, deuxièmes, sixièmes et septièmes vers ont huit pieds ; les vers trois, six et sept se terminent toujours en une rime féminine, les autres sont masculins ; les alexandrins ont la césure à l'hémistiche ; la rime est choisie pour plaire à l'œil aussi bien qu'à l'oreille, les enjambements sont rares.

Nous n'avons pu retrouver que deux pièces " liminaires " de Mareschal, il semble en avoir fait bien moins qu'il n'en a reçu. Mareschal a composé ces deux petites pièces, l'une pour du Bail, l'autre pour Chapoton. En compagnie de Brun, il a contribué quelques vers au *Roman d'Albanie et de Sicyle* de du Bail,

Paris, 1626. Notre poète y loue le romancier de " ces beaux traits de passions " qu'il sait feindre et décrire. Mareschal voit dans ce roman " Vn Prince devenu Berger " " Parmy les vaches dans les bois." Dans les vers faits pour le *Veritable Coriolan,* Paris, 1638, Mareschal se trouve en plus grande compagnie, car cette pièce, qui n'observe ni l'unité de lieu ni celle de temps, a reçu les louanges de Baudouin, Beys, Rotrou, Colletet, Regnault et Rouvière. Mareschal trouve les vers de Chapoton polis, sa veine hardie. Il prophétise que cette tragédie fera vivre glorieux ce " Ieune Pere François d'vn grand Prince Romain."

En somme, Mareschal comme poète a joué un rôle intéressant. Il tient à se croire indépendant, libre de la leçon de Malherbe, mais il la subit sans s'en rendre compte. Sa versification a connu la discipline. Pour se faire publier et pour vivre Mareschal a dû cultiver les grands; pour éviter " la sueur d'Apollon " il est tombé dans le raffinement de Marini; mais, il a droit a un souvenir, car, vers 1625, il a su faire un tableau de Paris en fête et il a pu exprimer en des vers personnels une vraie souffrance avec simplicité, avec clarté, avec sincérité.

\* \* \*

Avec la hardiesse de la jeunesse, Mareschal ne se contenta pas d'aspirer à réformer la poésie, à revendiquer son droit de faire selon son bon plaisir, il voulut aussi donner le modèle des romans, car il n'était pas satisfait de la littérature romanesque contemporaine.

Son roman mérite-t-il les louanges de Körting [25] ou la censure de M. Reynier? [26] Il est venu à une époque des plus intéressantes pour le genre romanesque en France, comme le dit M. Abel Lefranc,[27] car " le roman religieux y naît avec Camus; . . . le roman politique avec *l'Argénis* de Barclay (1621) . . . le roman satirique avec Lannel (1624),—le roman allégorique pur avec *l'Endymion* de Gombault (1624),—le roman géographique et politique avec le *Polexandre* de Gomberville (1632),— le roman historique avec *l'Ariane* de Desmarets de Saint-Sorlin (1632),[28]—le roman psychologique avec *la Chrysolite* de Mares-

---

[25] *Geschichte des franzosischen Romans im XVII. Jahrhundert,* Ch. 5.
[26] *Le Roman réaliste au XVIIe siècle,* pp. 239-242.
[27] *Revue des Cours et des Conférences,* XIV, T. 1, p. 486.
[28] Il ne faut pas oublier que *l'Astrée* avait son côté historique.

chal (1627)." M. Le Breton [29] trouve rare le nombre de critiques qui se sont occupés des romanciers au XVIIᵉ siècle, mais
il se contente de faire l'étude littéraire d'une douzaine de romans
à peine, dont deux seuls, *l'Astrée* et *Francion* ont précédé *la
Chrysolite*, œuvre qui ne l'a point intéressé. Cependant l'avocat
de Mareschal a droit à sa place parmi " ces bergers enrubannés "
qu'affectionne M. Le Breton et " les gens de moyenne ou de basse
condition " qui se trouvent chez Sorel. M. Le Breton trouve à
redire à la classification des romans du XVIIᵉ siècle par Körting, savant allemand qui fut le premier à établir la valeur psychologique de l'œuvre de Mareschal et le Français ne parle même
pas de *la Chrysolite*. M. Reynier a étudié le roman sentimental
jusqu'à *l'Astrée* [30] et nous pouvons tirer de son travail une idée
de ce que furent vers 1627 les romans chevaleresques et d'aventures, les histoires tragiques, les romans mondains, pastoraux,
mythologiques et religieux qui florissaient alors. M. Reynier
nous apprend [31] que les petits livres de cette époque révèlent que
" l'amour était la grande occupation des mondains qui en voulant discipliner et spiritualiser l'amour ont fini par le confondre
avec la galanterie." Comme plus tard à l'hôtel de Rambouillet,
" ce sera toujours le même soin de distinction, le même dédain
de toute vulgarité et de toute violence, le même effroi de ce qu'il
y a d'instinctif et d'individuel dans la passion." M. Reynier a
pourtant bien raison, à en juger par la lecture d'un roman des
plus populaires de cette époque, *les Travaux d'Aristée et d'Ama-
rille.* En 1624 ce roman en est à sa septième édition, le privilège de l'édition avouée de l'auteur le Sieur de Cury est du 19
juillet 1619. Le Seigneur de *Cury curieux* comme il s'appelle
promet à ses lecteurs qu'il n'y aura rien " contre la vertu, l'honneur et les bonnes mœurs." C'est tout bonnement l'histoire
platonique du héros et de l'héroïne, berger et bergère, qui sont
victimes de la médisance. C'est contre ce genre de romans
pleins de fadeur étudiés par M. Reynier que Mareschal élève la
voix, mais M. Reynier se refuse à lui rendre cette justice.

Trois critiques ont tâché de placer l'œuvre de Mareschal en
son milieu et de faire comprendre sa valeur ou sa non-valeur.

[29] *Le Roman au XVIIᵉ siècle*, p. vi.
[30] *Le Roman sentimental avant l'Astrée.*
[31] *Op. cit.*, p. 343.

Ce sont Heinrich Körting et MM. Walter Küchler et Gustave
Reynier. Körting, le pionnier, a étudié les œuvres capitales dans
son histoire du roman au XVII⁰ siècle. Il place justement *la
Chrysolite* parmi les œuvres à tendances purement réalistes et
réformatrices,³² à côté de celles de Tristan l'Hermite et de
Cyrano de Bergerac. Pour lui Mareschal a fait œuvre de maître.
Il est le créateur du roman psychologique en France au XVII⁰
siècle et digne d'être mis à côte de Molière.³³  M. Küchler a
étudié les origines du roman psychologique en France à ce même
siècle ³⁴ et il fait ressortir que son prédécesseur, Körting, a
ignoré trois autres romans psychologiques du XVII⁰ siècle dont
deux ont précédé *la Chrysolite.* Ce sont *les diverses Affections
de Minerve* d'Audiguier et *la Floride* de Du Verdier.  M. Küchler ne manque pas aussi d'attirer l'attention sur *l'Histoire de
Stelle et Corilas,* qui se trouve dans *l'Astrée.*  Minerve et
Floride, les deux héroïnes, sont des coquettes qui font selon leur
humeur comme l'a fait la Stelle de d'Urfé, comme le feront la
Chrysolite de Mareschal et bien plus tard (1644) la Belinde de
du Bail dans *les Galanteries de la Cour.*³⁵  M. Küchler se joint
à Körting pour admirer la psychologie de Mareschal et en pro-
clamer la fine observation.  M. Reynier ³⁶ place *la Chrysolite*
parmi les nombreuses nouvelles galantes, ou histoires, du commencement du siècle; il y trouve bien plus de promesses que
d'observation. Il juge la psychologie étudiée " d'une façon par
trop superficielle," noyée " dans une intrigue surchargée d'incidents, encombrée de médiocres comparses."  M. Reynier ajoute
que Mareschal s'est contenté d'arranger un peu une histoire de
l'époque, que Chrysolite est la fille de Hotman, " fastueux trésorier de l'épargne qu'on avait vu se rendre avec un train de prince

³² *Op. cit.,* p. 265.
³³ *Op. cit.,* p. 134.
³⁴ *Archiv für das Studium der Neuren Sprachen und Literatur,* 1909,
vol. 123, p. 88, suiv.
³⁵ Le même du Bail avait publié en 1623 un roman, *les Amours d'Ami-
sidore et de Chrysolite,* dont naturellement M. Küchler ne parle pas,
car il n'y a nulle psychologie. Mareschal a pu y prendre le nom de son
héroïne, car l'auteur annonce qu'on y trouvera décrite l'inconstance des
amoureux de ce temps. L'ouvrage de du Bail n'est qu'une série d'aventures où les amants sont séparés par des questions de fortune, mais
l'heroïne épouse un autre que celui qu'elle aime.
³⁶ *Le Roman réaliste au XVII⁰ siècle,* pp. 239-242.

à sa maison des champs, cinquante cavaliers lui faisant escorte."
Malheureusement c'est tout ce que nous apprend M. Reynier de
cette histoire et lui-même n'a pas pu encore nous fournir d'autres
détails ni de sources. Tout ce que nous avons pu retrouver c'est
une phrase dans les *Mémoires et Journal* de Pierre de l'Estoile,
année 1594, qui nous apprend que " Hotman, trésorier de l'es-
pargne passant par la Vieille-rue-du Temple, avec un train de
45 chevaux pour s'en aller en une sienne maison des champs fist
mettre tout le monde aux fenêtres, pensant que ce fust quelque
prince qui passast, tant la pompe et suitte de messieurs les tré-
soriers estoit grande." [37] Le roman de Mareschal commence en
1621 avec le siège de Montauban. Nous sommes loin de 1594.
M. Reynier ajoute qu'une " clef a été imprimée et jointe au volume, à l'usage des lecteurs peu perspicaces," mais il ne nous dit
pas où se trouve cette clef et nous n'avons pu la retrouver dans
les six exemplaires du roman que nous avons eus sous la main.
Celui de la Bibliothèque Nationale, BN Y2 7107, édition de
1634, porte bien une clef manuscrite sur les feuillets de garde,
mais il est impossible d'en déterminer la date.[38] Il s'y trouve les
Guillon, les le Cogneux, les Tronchet, les Prevost, les Hotman,
noms qui se retrouvent dans Tallement des Réaux, qui prend un
malin plaisir à décrire tous ces bourgeois-gentilshommes d'alors.
Cette clef a sans doute été faite après coup. Ce qui nous porte
à ne point l'accepter comme contemporaine c'est le fait que la
ville de Chalcis de l'œuvre de Mareschal y est déclarée être la
Rochelle; or le roman de Mareschal a été écrit en 1626, le privilège étant du 3 février 1627, et l'auteur nous dit bien que l'action de son roman dure cinq ans. Comme le siège de Chalcis a
lieu au commencement de l'ouvrage, il ne saurait être question
du siège de la Rochelle, mais il se trouve précisément que la
ville de Montauban fut assiégée en 1621 et que le siège dut être
levé à cause des froids de l'hiver, faits que nous raconte de
Pontis en ses Mémoires.[39] Dans le roman de Mareschal le siège
de Chalcis est abandonné pour la même raison. Du reste, on sait

[37] Tome XV, *Mémoires* (Michaud et Poujoulat), p. 243.

[38] Serait-ce l'exemplaire du Catalogue Cangé (p. 106) dont parle
Drujon (*Livres à clef*) qui décrit cet exemplaire de la seconde édition
comme étant accompagné d'une clef manuscrite et n'étant cité nulle part.

[39] T. 20, *Mémoires* (Michaud et Poujoulat), p. 481.

bien que l'on ne saurait trop se fier aux clefs qu'offrent les plus avertis.

Puisque tous les critiques s'accordent à trouver belles les promesses de Mareschal, examinons l'œuvre elle-même et commençons par l'épître dédicatoire et la préface.  A la feuille de titre nous trouvons:

*La / Chrysolite / ov / Le Secret / des Romans / Par / le Sieur Mareschal / A Paris / Chez Toussainct du Bray: / ruê Sainct Iacques aux Espics-Meurs. / M.DC.XXVII / Auec priuilège du Roy.*

Le privilège est du 3 février 1627, au nom d'André Mareschal. Il n'y a point d'achevé d'imprimer.  Une seconde édition parut en 1634 chez Nicolas et Jean de la Coste, à Paris.  Le roman est dédié à Louis de Lorraine en une épître dédicatoire où les termes louangeux ne sont point épargnés.  Mareschal insiste que son œuvre " n'est pas un roman . . . mais le secret des autres, ou celuy qu'ils deuroient avoir." Dans la préface l'auteur s'explique: son œuvre est à la fois un roman et une histoire, mais il laisse à ses lecteurs de deviner si c'est œuvre de fantaisie ou de vérité; il faudra, comme les lecteurs de Rabelais, lever " l'écorce du bois et trouver la moüelle dessous." Mareschal ajoute que le secret de son art est ou d'avoir mis dans son livre ce qui est vrai ou d'avoir revêtu le faux de telles apparences qu'il paraît naturel.  Il ressort de ce secret que l'auteur veut faire œuvre de réaliste, car bientôt il reproche à ses contemporains de s'éloigner du sens commun et de la raison; lui se déclare: " icy ie n'ay rien mis qu'vn homme ne pûst faire, ie me suis tenu dedans les termes d'vne vie priuée, afin que chacun se pûst mouler sur les actions que ie descry." Il explique pourquoi il s'est servi de l'antiquité et l'amour: celui-ci doit démontrer les peines et les malheurs qui s'ensuivent; celle-là donnera " une couleur étrange au bien ou au mal de nostre temps." Un autre côté du secret de son roman, celui que les autres devraient avoir aussi, c'est " de servir au public," c'est d'enseigner; le roman, selon Mareschal, doit servir à corriger les hommes et les mœurs en peignant l'humanité telle qu'elle est.  C'est seulement afin de plaire à la plupart des courtisans qui exigent des rois ou au moins des princes dans un livre que Mareschal a ajouté à la vie privée de son héros les amours d'une princesse grecque dont il formera le second livre de son œuvre afin " de faire l'antiquité descendre iusques à nous."

La préface est suivie d'un avis au lecteur qui excuse les nombreuses fautes d'impressions survenues à " la haste qu'on a euë à imprimer ce Liure, que ie puis dire sans faire le vain, m'auoir esté arraché des mains, par mes amys, et ceux qui, pouuoient beaucoup plus sur moy." Mareschal ajoute que l'imprimeur était si pressé qu'il n'a pas attendu que l'auteur lui fournisse le nom d'un personnage. La pagination du livre est défectueuse aussi.[40] Tout ceci porte à croire que le roman fut composé certainement dans le courant de 1626. Avant d'étudier les personnages où se verra la psychologie de Mareschal, voici l'analyse du roman:

Livre I. Chrysolite et Clytiman tous deux fort jeunes, d'abord ne s'aimèrent point, mais Clytiman nouvellement reçu avocat lui en conta, Chrysolite en crut une partie de ce que lui débitait son admirateur et on s'aima, on se courtisa. La première querelle des amants fut causée par la jalousie de la jeune fille. L'amant céda. La trouvant trop jeune, le père sévit et défendit à sa fille de lire des romans et de recevoir des hommes. Chrysolite et Clytiman continuèrent à se voir par une fente d'un mur mitoyen.[41] Clytiman contre la volonté de son père fit parler de mariage au père de Chrysolite, qui se relâcha de sa sévérité; mais l'humeur inégale de sa fille la porta vers Félismon, qui s'en vanta. De rage, le jeune homme quitta la ville, mais à la nouvelle du congé de Félismon il y retourna. L'amour des deux jeunes gens en devint plus ardent et ils s'écrivirent des lettres en termes assez libres, ce qui n'empêcha pas le cœur de Chrysolite de changer comme " vn cameleon," car elle était fière de recevoir des attentions et des cadeaux. Elle racontait tout à Incelie, une amie de Clytiman qui ne manquait pas de tout lui répéter. Dans l'espoir de garder son inconstante, Clytiman proposa de se lier par des promesses de mariage afin de rompre " l'obstination des parents et pour donner quelque asseurance à leur amour." Le père de Chrysolite se laissa fléchir et Clytiman partit afin d'obtenir le consentement du sien.

Livre II. Lyvion, frère de Clytiman, y raconte le passé de notre héros. Célestine, qui lui avait ravi le cœur la première, fut mise au cloître afin de permettre de mieux doter d'autres enfants. Les frères partirent pour faire la guerre sous le magnanime Prince Marucie, au cours de laquelle Clytiman tomba amoureux de Phylistée. Après s'être

[40] Il s'y trouve plusieurs erreurs, voici la vraie pagination: les chiffres entre parenthèses indiquent le vrai numéro que devraient porter les pages: 1-528, 527-531 (533), 531-670 (672), 571-648 (750), 793 (913)-810 (930).

[41] Cf. *Pyrame et Thisbé* de Théophile, II, 2 et Ovide, *Métamorphoses*, IV, 65-82.

3

distingué comme soldat et diplomate, Clytiman passa au service du roi
Marchedan, dont il combattit la fille rebelle, Hélione. Pour suivre
Clytiman au siège de Lotva, Phylistée se déguisa en cavalier et y arriva
au moment où Clytiman refusait l'amour de la révoltée avec horreur
à cause de sa méchanceté et de l'amour qu'il portait à Phylistée. Celle-ci
de se faire reconnaître avec force caresses. Hélione finit par se tuer
plutôt que se rendre. Sur le retour, au cours d'une tempête on fit
naufrage et l'armure de Phylistée l'emporta au fond de la mer. Lyvion
dut forcer son frère à vivre.

Livre III. Mironte, père de Chrysolite, mourut subitement. Les
parents firent valoir qu'elle pouvait aspirer à un meilleur parti. Du
reste, Clytiman ne put obtenir de son père qu'une lettre de consolation.
Chrysolite, toutefois, craignait Clytiman car elle lui avait donné ce
qu'elle ne pouvait accorder à un autre, mais elle voulait conserver sa
liberté et fit imposer des conditions que le père du jeune homme refusa.
Clytiman se résolut à en finir; mais quand il offrit à Chrysolite ses
lettres et sa promesse, elle se jeta en pleurant à ses pieds. Le jeune
homme resta, mais menaça toutefois Chrysolite de noircir sa réputation
si elle ne tenait parole. Chrysolite oublia vite un homme "qu'elle ne
pouvoit aymer mais n'osoit hayr." Elle le couvrait de caresses, mais
pressait Validor de la demander en mariage, Validor se laissa convaincre. Chrysolite écrivit deux lettres, une où elle se déclarait victime
de la volonté maternelle, l'autre où elle proclamait son amour pour
Validor. Quand Clytiman apprit son malheur, sa rage ne connut pas
de bornes et il se vengea en disant tout à Incelie. Clériane, mère de
Chrysolite, revint et dénonça le mensonge de sa fille, mais malgré tout
celle-ci se refusait à épouser Clytiman, car elle avait des vues sur
Validor. Clytiman sans l'approbation de son père ne savait que faire,
Clériane le reçut mal et il alla trouver le frère de Validor. Celui-ci
résolut de ne pas épouser Chrysolite mais, dans l'espoir d'obtenir des
faveurs dans le genre de celles qu'avait eues Clytiman, ne se retira pas.

Livre IV. Clytiman mit tout le monde au courant de son procédé
et l'approbation de sa conduite fut générale. Chrysolite et sa mère
remuèrent Ciel et Terre, mais même les subtils Déliens, qui portaient
le nom "du grand fils de Iupiter," ne surent extorquer la promesse
de Chrysolite des mains de Clytiman. Parmi les parents de la jeune
fille les ignorants voulurent tirer Clytiman à l'Aréopage, "car une
ancienne coutume était devenue loi que tout Sénateur ne devait rendre
compte de sa vie que tout le Senat ne fust assemblé." Chrysolite avoua
publiquement avoir donné et reçu une promesse, mais Clytiman refusa
de parler en disant qu'il n'avait rien fait qui ressortît d'une action
devant le Sénat. Le résultat fut la déconfiture du parti de Chrysolite.
On tâcha de ramener Validor, mais il ne voulait pas de Chrysolite et
ne songeait qu'à s'amuser. Polemoferon se présenta, mais Chrysolite
s'en servit pour tâcher de faire taire Clytiman et de faire parler Validor.
Il s'écarta, de même qu'un nouveau soupirant, Pleuridan. Chrysolite
essaya de rendre Validor jaloux en reprenant Clytiman, pour qui elle

ressentait plus d'amour que jamais, mais il ne pensa pas à l'épouser
malgré un sentiment renaissant. Les parents de Chrysolite lui trouvèrent le jeune Entragon. Voilà Chrysolite flottant entre trois. Clytiman touché de pitié, écrivit une lettre assez rude à Chrysolite où il
lui souhaitait de vivre heureuse; c'eût été la fin, mais Chrysolite refusa
de recevoir le jeune homme et s'en vanta; à la sortie du Temple, devant
tout le monde, Clytiman apostropha Chrysolite d'avoir menti; Clériane
débita bien des injures à Clytiman, mais, comme celui-ci payait des
serviteurs chez Chrysolite, il eut l'avantage, car il en savait trop. La
rupture fut définitive cette fois-ci. Chrysolite refusa Entragon, qui se
fit tuer en duel sans laisser de regrets. A ce moment la ville fut
frappée de grands désordres et tout le monde fit la paix à la demande
des sacrificateurs. Clytiman offrit de rendre la promesse devant tous
les parents, mais la jeune fille refusa, de crainte de nouvelles insultes,
et fut accusée de désobéissance aux Dieux. Chrysolite à cette époque
aima Validor passionnément, mais celui-ci rompit sur la question des
biens. Un autre jeune Sénateur, Mélante, se présenta et Chrysolite
arrêta bien vite ses larmes; Clytiman peignit Chrysolite de telle couleur
que le nouvel admirateur ne revint pas et voilà Chrysolite seule, la
fable de tous. Mareschal termine en annonçant une seconde partie,
mais il ne tint pas cette promesse.

La psychologie de Mareschal, tant vantée par deux critiques
étrangers et dénigrée par un savant français, se fait voir dans
l'analyse du roman, mais où on peut surtout l'étudier c'est dans
les personnages. Il nous semble y voir non pas des adversaires
en une lutte entre l'homme et la femme, comme le voudrait M.
Küchler, mais des victimes du destin, car Mareschal conçoit
Chrysolite et Clytiman comme des êtres qui souffrent d'une triple
fatalité, car leur tempérament orgueilleux et incertain pèse sur
eux, les us et coutumes empêchent leur union et les Dieux, selon
Mareschal, surtout Vénus, sont à leur proie attachés. L'auteur
nous dit bien: Amour est "un Dieu qui est par dessus tous les
hommes, qui porte une fatalité et qui ne sçait ce que c'est de
prendre des excuses en page." [42] Plus loin il ajoute: "Clymanthe poursuit Chrysolite qu'il ne peut avoir, mais la fatalité
suivait la beauté de Chrysolite." [43] Mareschal est imbu de l'idée
que l'homme naît esclave, car il déclare qu'il n'y a "rien de
moins libre que l'homme qui n'a jamais ce qu'il demande, il ne
fait que ce qu'il plaist à la fortune de luy permettre." [44] Quant
aux mariages, voilà comment notre auteur s'exprime en style de
maître: "les mariages se font en terre, et sont preparez et

[42] P. 50.            [43] P. 89.            [44] P. 259.

ordonnez dedans le Ciel " ; [45] le destin va plus loin, car " La
fortune se joue de nos desseins, nous faisant quitter un bien pour
courir apres un autre qu'elle n'a pas enuie de nous donner." [46]
Dans le dénouement douloureux, Chrysolite blâme " l'astre malin
qui preside à mes iours " [47] et Mareschal y ajoute son approbation directe " le Ciel auoit de l'interest que son infidelité fust
punie . . . les Dieux la punirent de sorte que sa confession fut
sa condamnation." [48]

A cette fatalité des Cieux Mareschal ajoute celle des lois
qui en matière de mariage substitue l'intérêt à l'amour.
L'autorité absolue des parents de disposer de l'avenir de leurs
enfants prive Clytiman de la première jeune fille aimée, car
" ses parents lui donnèrent un cloître pour prison, vn azyle
contre ces loix naturelles et toutefois bien violentes, qui ostent
le bien aux plus ieunes et bien souuent aux plus vertueux
enfans d'une maison, pour le donner aux aisnez, qui n'ont
aucun bien de nature que celuy qu'ils ont de naissance." [49]   Les
Divinités restent sourdes aux prières et permettent que l'on se
serve de la religion pour conserver des intérêts particuliers.
Pendant cinq longues années Clytiman ne peut obtenir le consentement de son père, " l'homme ne peut disposer de soy mesme
que par la volonté de ses parents." [50]   Les deux familles sont
riches et de situation sociale égale, mais le père du jeune homme
n'est point satisfait de la dot que veut offrir celui de la jeune
fille, de là cette pensée amère de Mareschal, " le bien est la seule
pièce qui fait auiourd'huy, et de tout temps, a fait les mariages." [51]

Voilà donc le héros et l'héroïne de Mareschal pris entre
les Dieux et la société; voyons-les maintenant selon leur
tempérament.   Chrysolite était la plus glorieuse fille d'Athènes
et sortait d'une des meilleures maisons.   Quand Clytiman
lui parla d'amour, elle trouva d'abord à redire à tout ce qu'il
faisait, mais elle attirait en refusant.   Enfant, son père lui
avait permis mille petites libertés et lui laissait feuilleter tous
les livres vieux et nouveaux.   Mareschal fait voir ses craintes
le jour de la réception de Clytiman comme avocat, ses prières,
pour son succès dans toutes les églises.   Son amour devint si
profond qu'elle conçut de la jalousie pour sa meilleure amie et
Clytiman se soumit à ses désirs et ne vit plus Amélite, qui avait

[45] P. 474.     [47] P. 611.     [49] P. 268.     [51] P. 120.
[46] P. 621.     [48] P. 624.     [50] P. 259.

cependant protégé leurs premières amours. D'un autre côté
Chrysolite tenait à conserver un ancien admirateur et Clytiman
se courba de nouveau. Bientôt la jeune fille se mit à écouter
d'autres galants, car " elle n'aymait rien tant que de s'ouir
estimer." Comme la Princesse de Clèves cinquante ans plus
tard, Chrysolite avait tant de franchise qu'elle disait tout.
Quand Clytiman fut dangereusement malade, Chrysolite s'alita,
mais dès sa guérison elle se remit à voir deux autres hommes et
un cavalier, bien qu'au fond elle aimât vraiment Clytiman. Le
père du jeune homme défendait toujours leur union et les jeunes
gens résolurent à se lier par un échange de promesses de mariage
et alors Chrysolite connut une félicité parfaite en se donnant
entièrement à son amant. Le père de Clytiman s'obstina à
refuser son consentement et celui de Chrysolite mourut. La
voilà donc immensément riche, sa vanité lui permit d'aspirer à
un plus riche parti, sa famille l'y poussait; en plus Chrysolite
craignait de perdre sa chère liberté avec Clytiman et, poussée par
son humeur, elle se mit à commettre de nombreuses infidélités.
Les jeunes amants se réconcilièrent, mais l'orgueil de la jeune
fille en souffrit; elle se décida à quitter le jeune homme, mais
auparavant " l'enivra de caresses, comme les chyrurgiens experts
qui endorment les membres avant que de les couper." [52]   En
passant des bras de Clytiman en ceux de Validor, Chrysolite
donna à ce dernier " plus de faveurs en une heure qu'il eust
esperé en des années," et lui avoua avoir donné une promesse à
Clytiman. Les conseils stupides de ses parents lui firent poursuivre publiquement Clytiman pour obtenir cette promesse, elle
n'en eut qu'une défaite et la haine implacable de Clytiman,
qu'elle se remit à aimer plus violemment que jamais. Rebutée
de ce côté, elle attira vers elle d'autres jeunes gens, car son but
était de rendre Validor jaloux, mais celui-ci, prévenu par Clytiman, ne voulait que bien passer son temps. Chrysolite s'en
aperçut, bien qu'elle se mît à l'aimer passionnément. Clytiman
racontait son histoire à tout aspirant et Chrysolite fut bientôt
isolée et Mareschal la laisse ainsi, tout en faisant entrevoir une
suite où peut-être Chrysolite serait mariée, mais on sent, comme
M. Küchler, que le roman est bien fini. Chrysolite pour s'être

[52] Cf. Du Bartas, *la Semaine, sixième jour*, v. 966-972.

donnée [53] à Clytiman s'est bien fermé la voie du mariage. Le rondeau de la Mesnardière intitulé *le Mariage surprenant* [54] a pu montrer à Mareschal que *la Chrysolite* ne saurait se terminer autrement.

A la glorieuse Chrysolite s'oppose l'orgueilleux Clytiman. Ses parents ayant richesse et autorité, il fut nourri de perfections particulières et il avait parcouru la philosophie avant d'avoir seize ans, puis fait la guerre. Sûr de lui-même, il n'avait point été ému le jour de sa réception au barreau. Il était pardessus tout un " esprit imperieux, plus capable de commander que de descendre à de petits services." En matière de cœur, il avait toujours été enclin à l'amour. Il avait commencé par aimer Célestine, qui entra au couvent parce qu'elle avait frères et sœurs à doter, puis il adora Phylistée, qui mourut noyée, ayant voulu le suivre à la guerre ; son amour pour Rosine ne fut que passager ; il aima Chrysolite pendant cinq ans. Il commença par lui promettre beaucoup, tout en se réservant davantage, car il était trop jeune pour songer à se marier et ne voulait pas s'engager ouvertement. Mais bientôt il était si engoué de Chrysolite qu'il lui cédait toujours ; malgré la volonté de son père, il parlait mariage. Intelligent et plein d'esprit, il devina bientôt la conduite de Chrysolite avec un autre admirateur ; quand Chrysolite lui dit tout, il se soumit dans la crainte de la perdre. Il obtint une promesse de mariage en assurant à la jeune fille que son honneur n'était nullement en jeu, qu'il ne la montrerait que si les parents voulaient le marier ailleurs. Après cette promesse il obtint toutes les faveurs possibles, mais fut surpris de n'y pas recueillir tout le plaisir auquel il s'attendait ; toutefois il était tant épris de Chrysolite qu'il se déguisa pour être près d'elle et contempler sa maison pendant des heures. Quand il fut certain de l'infidélité de son amante, il pensa d'abord l'abandonner, mais sa vanité le fit vouloir triompher des

---

[53] Mareschal fait bien ressortir qu'il n'y eut sorte de privautés que les amants ne se fussent permises (p. 201), que Chrysolite donna à Clytiman ce qu'elle ne pouvait donner à un autre (p. 511), Clytiman conseille (p. 591) au frère de Validor de demander à Incelie " en quelle peine elle (Chrysolite) fut il y a environ un an, ayant perdu ce qu'elle recouvra le mois suivant." Du reste la conclusion de l'édition de 1634 est bien restée la même.

[54] *Les poésies de Iules de la Mesnardière*, p. 33, Paris, 1656.

autres. Devant une nouvelle trahison de Chrysolite, dans son désespoir, dans sa colère, lui plus âgé, plus expérimenté, il manqua de galanterie en racontant tout ce qu'il avait obtenu, cependant il pleura de repentir en se rendant compte qu'il avait deshonoré Chrysolite. Dans l'affaire de la poursuite Clytiman montra toute sa ruse d'avocat en amenant la jeune fille à dire tout et lui rien. Ne pouvant avoir Chrysolite, il poussa sa vengeance jusqu'à raconter son procédé à tout homme qui l'approchait. Il alla jusqu'à payer des serviteurs pour savoir ce qui se passait chez elle. L'homme intelligent et instruit, aveuglé par la colère et la vanité, perdit la femme qui lui avait tout accordé.

Mareschal étudie ses principaux personnages à fond. Au commencement Clytiman et Chrysolite ont des tremblements en s'abordant, ils se regardent comme deux ennemis qui ne sauraient se voir sans tressaillir, l'homme ne sait que dire, la femme que penser; puis vient la déclaration d'amour de l'homme en trois mots, la femme lui laissa dire ensuite tout ce qu'il voulait, bien qu'elle n'en crût qu'une partie. L'un et l'autre prirent gloire de se rendre. Tout marcha bien pendant quelques mois, chacun tenait bonne mine, mais chacun cachait quelque chose sous le jeu. Tous les deux trouvèrent de la joie à se remettre des lettres au nez des parents. Tous deux éprouvèrent le plaisir de l'amour accru par la jalousie. Ces deux enfants, car elle n'avait que seize ans et lui était tout jeune, triomphant de tous les obstacles, baisaient les pierres du mur mitoyen quand l'autorité paternelle leur défendit de se voir. Des enfantillages on passa aux privautés et tous deux en furent vivement tourmentés, " elle de les avoir données, lui de les avoir prises." Chrysolite mourait de la crainte " qu'estant un iour à Clytiman, il se souvint de ce qu'elle luy auoit donné lorsqu'elle n'y estoit point " et Clytiman " ne se pouuait asseurer d'vne fille qui luy auoit donné si librement ce qu'elle luy deust auoir conservé avec tant de soin." Après la mort du père de Chrysolite, ce fut la vanité de la jeune fille qui refroidit son amour et non l'infidélité. Elle en vint à ni l'aimer ni le haïr, mais à le craindre. Quand Clytiman apprit que Chrysolite voulait le quitter, il examina sa conduite et son humeur; plus tard ce fut dans la rue que Clytiman fut mis au courant d'une nouvelle trahison de son amante et Mareschal nous le décrit " tout éperdu, son sang se refoula à son cœur, son visage pasle fut plein d'effroi, l'on eust dit une statue, les trais plus voisins de la mort, il marche, plustost il fuit son ombre, ne reconnaist personne, il ne sait que croire." (p. 595) Sa colère éclate de sorte qu'ayant soif de vengeance, il commet l'irréparable en annonçant la nature des relations entre lui et la jeune fille. On sent que le roman est fini et qu'il ne reste plus qu'à punir la malheureuse par où elle a failli. La coquette perd ses admirateurs les uns après les autres, sa beauté se flétrit et elle reste seule.

Autour de ces deux personnages Mareschal a groupé leurs familles dont les divers membres sont intéressants car tous possèdent une réelle individualité. La famille de Chrysolite comprend son père Mironte, homme indulgent jusqu'à ce qu'il soit trop tard, s'occupant de ses propres affaires, voulant retarder le mariage un an ou deux jusqu'à ce qu'il ait fini une grande entreprise; peu pris par sa femme, mais très attentionné envers Spinelle, " la meilleure femme du monde qui n'avait pas sa pareille dans Athenes en esprit et artifice. Une merveille d'esprit, d'extraction assez basse, la nature lui donna ce que les autres acquirent après longues peines," quoique mariée depuis huit ans, elle gouvernait Mironte. La mère de Chrysolite était d'une nature effacée. Elle accueillit Clytiman très favorablement et l'aida à voir sa fille quand son mari le défendit; toujours accoutumée à être dirigée, à la mort de son mari, au lieu de conseiller Chrysolite, elle permit aux parents de sa fille d'indiquer la conduite à suivre. Mareschal montre bien ces parents appelés à donner leur avis. Les judicieux veulent renouveler avec Clytiman, les sages veulent laisser agir le temps, les ignorants prétendent traîner Clytiman devant l'Aréopage. Ce sont eux qui assurent la perte de la jeune fille. Il faut voir Gelasmin à l'œuvre, le plus sot de tous mais le plus tapageur. Il commet faute sur faute et le jour du jugement devant le Sénat il paraît " avec le visage d'un furieux ou d'un insensé " tandis que Clytiman s'y trouve " le visage libre et modeste en habit." Parmi les parents se trouvait aussi Incelie qui se mit de la partie de Clytiman. Chrysolite lui disait tout et elle répétait tout.

De la famille de Clytiman nous ne connaissons que le père et le frère. Lycaste désire arranger lui-même le mariage de son fils et refuse son approbation au mariage avec Chrysolite, car il préfère de beaucoup les biens présents à ceux à venir et, même après la mort de Mironte, il refuse de signer le contrat à cause de la différence des biens. Lyvion ne sert qu'à surveiller Chrysolite en ami de son frère et à raconter la jeunesse de Clytiman tout en faisant la cour à la belle Rosine, mais en ne l'épousant point non plus.

Les admirateurs de Chrysolite sont légion, mais Mareschal a le soin de donner à chacun quelques traits saillants qui les caractérisent. Clymanthe, le premier amoureux, soupire pendant six ans; il est trop soumis et n'arrive jamais à plaire. Validor aurait été agréé volontiers comme mari. C'était un Sénateur distingué, ami de Clytiman. Homme de qualité, il possédait biens et bonnes façons et aima Chrysolite jusqu'à ce qu'il apprît la vérité. Alors il lui rendit visite dans l'espoir d'obtenir de certaines faveurs, mais il fut déçu. Félismon aurait été amoureux de Chrysolite s'il n'avait commis la faute de la demander à son père, qui l'éconduisit. Polemoferon, homme d'esprit et de courage, ne servit à la jeune fille qu'à essayer de rendre Validor jaloux. Pleuridan joua le même rôle sans succès. Entragon et Melante, tous deux fort jeunes, complètent la liste des aspirants à la main de Chrysolite. De désespoir le premier se fit tuer en duel, tandis que le dernier se retira dès que Clytiman lui peignit Chrysolite. Les maîtresses de Clytiman, qu'elles s'appellent Célestine, Phylistée, Belize ou Rosine, ne comptent pas dans le roman, car elles n'ajoutent rien au problème psychologique.

Mareschal a placé ses personnages dans un cadre contemporain, car la fiction de l'antiquité est si mince que nous ne pouvons la considérer un défaut comme le fait Körting. Le roman commence quand la noblesse est devant Chalcis assiégeant des rebelles factieux. On allume des feux de joie pour l'heureuse issue des armes d'Athènes contre les Doriens qui s'étaient révoltés sous prétexte de religion. Le siège doit être abandonné à cause de " du temps et maladies d'hiver." Les *Mémoires* de Pontis, comme nous l'avons signalé plus haut, nous permettent de reconnaître le siège de Montauban, qui fut effectivement levé en novembre 1621.[55] Après que les amours de Chrysolite et de Clytiman ont pris racine, Mareschal nous apprend que le père de celle-ci doit se retirer d'Athènes avec sa famille à cause de la

[55] *Mémoires d'Andilly*, T. XXIII, p. 434, *Nlle. Collection de Mémoires*, Paris, 1881.

contagion. Nous avons une lettre de Molé de septembre 1623 [56]
qui nous parle d'une épidémie à Paris. Un autre détail historique précis que nous fournit le roman est la grande disette de
vivres et de blé qui sévit dans Athènes. Dans les *Mémoires* de
Molé se retrouve une lettre du roi datée du 26 novembre 1625 [57]
qui fait " defense de transporter aucun blé hors nostre royaume,
afin que nos pauvres sujets ne manquent d'en être secourus en
leurs necessités." C'est à ce moment que les Sacrificateurs, nous
dit Mareschal, prédisaient de grandes misères à venir, les Temples se remplissaient et en bon observateur Mareschal d'ajouter
" les libertins faisoient les mesmes actions qu'ils voyoient faire
aux autres, ils donnoient les apparences de leurs devoirs, s'ils ne
donnoient pas le reste." Notons un dernier fait historique. Le
prince Marucie, adversaire du roi Phyppiles, du Livre II, est
sans aucun doute Maurice de Nassau, fils de Guillaume d'Orange,
qui employait pas mal de troupes françaises dans les guerres des
Pays-Bas. En 1618 il y avait deux régiments français, Descartes
y était.[58] Au printemps de 1621, époque où Clytiman était au
service, la guerre recommençait en Hollande entre Maurice et
Spinola après la Trève de douze ans.[59]

Mareschal a choisi non seulement son époque mais son propre
milieu. Tout son roman se meut dans ce monde d'avocats qu'a
étudié M. Charles Normand,[60] gens qui vivaient en marge de la
noblesse, qui aspiraient à la haute robe et qui dédaignaient la
petite, ces nobles hommes—Mareschal étale ce titre quand il en
a l'occasion—qui s'allient volontiers à la haute finance bourgeoise
qui elle aussi aspire à monter. Le tableau de M. Normand est
des plus noirs, celui de Mareschal couleur de rose. Il est à
regretter que M. Normand ne se soit point servi de l'œuvre de
Mareschal au lieu de se contenter d'étudier le Nicodème de
Furetière quand il demande à la littérature son témoignage.
Tandis que M. Normand porte à croire à l'extrême ignorance
des juges mêmes, Mareschal nous assure que la réception des
avocats dure toute une journée, que le combat est rude et que

[56] *Mémoires de M. Molé*, T. I, p. 315, *Société de l'Histoire de France*,
Paris, 1855.
[57] P. 354.
[58] G. Cohen, Ecrivains français en Hollande, Paris, 1920, pp. 372-3.
[59] G. Edmundson, *History of Holland*, Cambridge Press, 1922.
[60] *La Bourgeoisie française au XVIIe siècle*, Paris, 1908.

les plus assurés hésitent. Mareschal est fier de ce Parlement qui selon lui gouverne toute la république. La dignité de Sénateur, lisez avocat au Parlement, est telle qu'elle suffit à garder un homme " en son devoir puis qu'il auoit à repondre de sa vie aux hommes les plus relevez du monde." L'honorabilité de ce corps est sans reproche. La solidarité de ses membres en impose à Mareschal, à ce moment lui-même, peut-être, un de ces clercs d'avocat qui se faisaient donner " des ventouses sur la main pour l'avoir plus délicate et moins chargée."

Par l'analyse du roman, par l'étude des caractères, par l'observation de son milieu, on peut se rendre compte que Mareschal a assez bien rempli la première partie de son programme. Il s'est tenu à l'observation d'un homme moyen dans la vie ; selon lui voilà la moitié du secret de bien faire un roman ; l'autre moitié est de rendre les hommes meilleurs. Voyons Mareschal à l'œuvre comme moralisateur. Il voit la vie en pessimiste, car " le mal est auiourd'huy si bien receu, que les vices des vns excusent ceux des autres." Il y a du vrai dans cette observation-ci : " la plus-part des grands ne cherissent les roys que pour la fortune qu'ils en espèrent." Il attaque le grand luxe de l'époque car " les femmes depensent en vn an ce qui pouvoit suffire à une vie." Quant aux écoles " pour nous donner vn peu de science et de vertu, (elles) nous laissent ordinairement beaucoup d'ignorance et de vices." Mareschal chapitre les mères aussi ; elles doivent tenir leurs filles, car " la vertu est comme vn cristal qui se ternit au mauvais air." Il condamne le duel en ces termes : " Brutale passion qui surpasse encore la rage des brutes comme si l'homme n'auoit pas assez d'ennemis dedans et dehors ; qui tous tendent à le perdre, sans qu'il soit nécessaire que nous nous armions l'vn contre l'autre et fassions contre nous plus que le destin, les maladies et tant d'autres infirmitez humaines." Les médecins ne trouvent point de grâce aux yeux de Mareschal car, quand Clytiman tomba malade, " on luy retira tout son sang par les deux bras " et l'auteur ajoute " les medecins pour le moindre mal tirent toute la vie d'vn homme . . . en nous prestant cette admirable charité de nous faire mourir pour nostre argent." L'attaque de Mareschal est bien plus vigoureuse en matière de mariage et de religion. La société et l'église s'accordent pour donner tout pouvoir au père de disposer de ses enfants. Tous les malheurs de Clytiman et de Chrysolite viennent du fait que les jeunes gens ne peuvent obtenir le consentement du père du jeune homme, bien qu'ils soient de la même situation sociale, bien qu'ils s'aiment, bien qu'ils aient échangé des promesses de mariage et plus.  En fait de religion Mareschal condamne les Protestants qui selon lui sont des factieux qui ne se sont armés que " sous vn faux pretexte de religion," mais il fait tout l'éloge possible du Prince Maurice qui combat l'Inquisition et l'Espagne.  Son attaque principale est contre l'Eglise de l'Etat, dont les Temples ne sont que des lieux d'amour, les couvents des prisons de jeunes filles.  Marie c'est Minerve qui devient jalouse du portrait de Chrysolite que l'on peint en son église.  Les Saints de l'Eglise sont " les Dieux que la Grèce a inventés "; les prêtres sont " les ministres des Dieux qui tirent de très bons appointements."  Mareschal consent à ce qu'ils prennent " nos biens mais qu'ils nous laissent la douceur de la vie et de la liberté, qu'ils prennent le prix des autels mais qu'ils n'y fassent point d'offrande qui ne soit volontaire."  Voici le tableau des Jésuites qui se mêlent de ravoir la promesse de Chrysolite.  Nous citons tout le passage pour démontrer que, même dans l'attaque, Mareschal s'efforce d'être juste, qu'il sait présenter les divers côtés d'une question tout en y étudiant les aspects variés :

Elles eurent recours aux Ministres des Dieux, qui souvent voilent leurs mauvaises actions sous vn faux pretexte de conscience, et qui pour cette fois treuuerent plus fins qu'eux, s'estans adressés à Clytiman sous couleur d'avis spirituels, qui leur fit voir que souuent on paye les sots de deniers dont ils pensoient nous avoir vendus.  Ceux-cy s'appelloient Deliens, et auoient pris le nom assez audacieusement de celuy du grand fils de Iupiter de qui la Divinité a rendu tant d'Oracles dans l'Isle de Delos, comme s'ils eussent voulu cacher sous vn nom divin tant d'imperfections humaines, et tant de mauuaises qualités qui tiennent de l'homme et qu'on remarquoit tous les iours en eux.  Ces Deliens ne s'estoient retirés du monde que pour en estre avecque plus d'authorité et de credit, et pratiquer leur malice auecque moins de soupçon et plus d'impunité, on a descouuert beaucoup de mauuais desseins qu'ils auoient contre l'Achaye et des intelligences secretes auecque l'Estranger, qui ne se pouuoient mieux cacher que sous leurs robes, car on eust dit que c'estoit vn habit à couvrir tout.  Au reste ils estoient tous hommes d'esprit et scauants en faict de Religion, tellement que le bien qu'ils contribuoient de ce costé à l'ornement de la République recompensoit le mal qu'ils faisoient d'autre part; et quoy que les plus aduisez des Athéniens les connûssent comme l'ennemy de la fortune de la République, on leur donnoit vne entrée facile par tout à cause de leur science et de leur capacité.  Tout ce qu'ils purent auprès de Clytiman fut de perdre leur

peine; comme il connut qu'ils se ioüoient de la Religion et qu'ils s'en
seruoient pour donner couuerture à des affaires particulières il eut aussi
peu de scruple qu'eux, et plus de iugement si bien que dans ce labyrinthe
de devotion il deffit le monstre de leur impieté et en sortit le filet
d'Ariadne ou les promesses de Chrysolite aux mains.  (pp. 646-8)

Nous avons vu d'abord à quel point Mareschal a su tenir sa
promesse quant à l'observation de ce qu'un homme moyen peut
faire dans la vie. Il a par une psychologie fine et pénétrante
fait ressortir les états d'âme de ses personnages. Nous croyons
avoir démontré aussi qu'il a rempli l'autre partie de " son
secret " en faisant voir comment il s'efforce de fustiger les mœurs
et les hommes de son époque. On peut dire que ses efforts n'ont
point produits de résultats, mais quant à lui dénier en matière
d'art sa valeur psychologique et en matière de morale son rôle
de réformateur c'est autre chose et on a tort de l'accuser de
n'avoir fait que des promesses dans la Chrysolite.

MM. Körting, Küchler et Lefranc ont déjà chanté les louanges
du style de Mareschal. C'est un style vif et fin qui sait être
varié et mouvementé au besoin. Sa phrase de début est typique:
" Chrysolite n'auoit encore aucun dessein sur Clytiman." Un
peu plus loin l'attitude des amants le jour de la réception de
Clytiman à l'Aréopage est décrite ainsi:

Tout le iour qu'on fut à le recevoir, Chrysolite visita tous les Temples
de la ville, et n'y eut Dieu de tous ceux que la Grèce a inuentez qu'elle
n'invoquast auecques des vœux, afin qu'ils fussent prospices à Clytiman:
qui d'autre part asseuré de son faict ne s'estoit pas beaucoup esmeu,
et auoit passé la nuit precedente iusqu'au iour en des esbats qui ne
marquoient aucunement son apprehension pour le combat qu'il deuoit
soustenir le lendemain, au sujet duquel le plus asseuré des Areopagites
eust refusé plus d'vne fois avant que d'y entrer.  (p. 37)

Parfois la phrase de Mareschal atteint la maxime, telles que
celles-ci: " vne fille en amour ne donne pas peu quand elle
reçoit " (p. 178), " les louanges qu'on nous donne en nostre
présence, sont des armes contre nous, de qui la pointe est cachée
sous la flatterie " (p. 237), " il semble que ce soit vne maxime
de nostre infirmité qu'il faille auoir esté trompé pour estre sage "
(p. 564). Par l'étude des personnages nous avons déjà démontré les qualités psychologique du style. M. Körting en a cité
bien des pages.[61] Mareschal sait aussi être éloquent, il déborde

[61] Op. cit., pp. 137-9.

d'émotion sincère quand il fait son plaidoyer contre la cruauté
paternelle et l'indifférence de la religion qui permettent l'entrée
dans des couvents de sœurs cadettes pour avantager les enfants
aînés. La sincérité de Mareschal semble d'autant plus vibrante
quand il décrit les malheurs de Célestine qu'il y dépeint sans
doute une aventure personnelle, car dans ses poésies de 1630 il
chante aussi sa Phyllis, qui lui fut ôtée, dit-il, par le même
procédé. Mareschal possède aussi un fonds d'humour qui perce
çà et là et qui ajoute une autre note. Un exemple se trouve à
la fin du roman. Chrysolite a perdu tous ses admirateurs quand
Melante, le jeune Sénateur, se présente et Mareschal permet à
son lecteur de s'imaginer la joie de Chrysolite en l'accueillant.
Ce qui plaît surtout chez Mareschal c'est le style causeur. Quand
il décrit la trahison de l'héroïne, par exemple, il s'arrête et nous
dit : " ie ne scay comme ie dois croire ce que moy-mesme i'escry."
Il se sert de ce style naïf à la Montaigne pour relier les neuf
cents pages de son roman et tenir devant le lecteur les faits saillants. Il lui arrive parfois de s'en servir afin de faire savoir ce
qui va se passer. Quand il nous a décrit Chrysolite et Clytiman
tremblant face à face, il saisit l'occasion pour annoncer que cela
présage les " maux qui leur deuaient arriver et dont cette histoire sera remplie." Après que Chrysolite a donné sa promesse
de mariage, Mareschal nous avertit " Ah! Chrysolite que cette
folie vous doit couster vn iour!" Il s'arrête et cause avec ses
personnages. Au moment où Chrysolite a dit à Validor qu'elle
ne tenait plus à Clytiman, Mareschal lui demande où sont sa
prévoyance et son esprit. Il va jusqu'à censurer directement ses
personnages : Clytiman a tort de courtiser Chrysolite, Chrysolite
a tort de tout rapporter à Clytiman, Clytiman a tort de supporter
l'humeur de Chrysolite.

Mareschal ne pouvait écrire neuf cents pages en un style coloré,
animé et varié ; son roman est inégal et l'auteur tout à ses
analyses d'âmes se répète bien souvent. Il analyse trop minu-
tieusement des banalités. Le souffle lui manque parfois et des
pages qui auraient dû être supprimées côtoient d'autres pages
excellentes. Mareschal se fatigue et les dernières parties du
roman traînent. Le style est souvent précieux mais c'est celui
de l'époque. Par exemple il affirme que, quand on voyait
Chrysolite, " Il falloit l'aymer ou n'auoir point d'yeux et l'ay-
mant en auoir encore moins." Plus Clytiman " souffrirait

l'humeur de Chrysolite, plus Chrysolite lui en donnoit à souffrir." Hélione écrit à Clytiman que s'il veut faire sortir son frère de prison, il faut qu'il lui permette d'entrer dans les siennes.

Nous avons fourni en ce premier chapitre ce que l'on peut offrir de détails biographiques sur Mareschal. Nous y avons étudié les poésies de sa jeunesse et examiné de près son roman, autre œuvre de début. Dans les prochains chapitres nous le verrons travailler pour le théâtre. Les succès qu'il y obtint expliqueront sans doute pourquoi il n'a pas continué à cultiver la poésie et le roman, genres où il était plus difficile de recevoir des récompenses immédiates.

# CHAPITRE II

## LES TRAGI-COMÉDIES LIBRES

Dans ce chapitre nous étudierons : *la Généreuse Allemande, la Sœur Valeureuse* et *la Cour Bergère.* Ce sont trois tragi-comédies où André Mareschal applique les théories dramatiques qu'il fit connaître dans la préface de la deuxième journée de sa première pièce. Il s'attaque aux doctes au nom de la vraisemblance et demande le moins de règles possible. Pour mettre ses idées en pratique il composa une œuvre qui fut jouée soit en 1628 soit en 1629, une autre vers 1633 et une troisième qui fut représentée au Théâtre Français vers 1639.

*La Generevse Allemande / ou / Le Triomphe d'Amour / Tragi-comédie / Mise en deux Iournées / Par le Sieur Mareschal où sous noms empruntez & parmi d'agréables & diuerses feintes est representée l'Histoire de feu Monsieur & Madame de Cirey / A Paris / Chez Pierre Rocolet, au Palais / en la gallerie des Prisonniers / aux armes de la Ville / 1631.*

Privilège des deux journées du 1er septembre 1630 ; achevé d'imprimer du 18 novembre 1630. Il y a au moins un exemplaire qui date l'achevé d'imprimer de la première journée du 10 janvier 1631. La première journée est dédiée à M. de Puylaurens, favori de Gaston, frère unique du Roi, la deuxième à Monsieur de Launay,[1] financier de l'espèce de M. de Montauron à qui Corneille dédiera *Cinna* et à qui Mareschal offrira *le Mauzolée.*

Monval a retrouvé le marché entre André Mareschal, avocat en la cour de Parlement et Pierre Rocolet, l'éditeur qui paya le manuscrit 125 livres tournois. Le livre de la *Generevse Allemande* lui fut remis le 2 juillet 1630. Ce contrat a été publié dans *le Moliériste.*[2] Monval déclare avoir comparé la signature de *A. Mareschal* avec celle du contrat de *l'Illustre Théâtre* et il affirme qu'elle est la même. La pièce avait donc quitté les mains de Mareschal dès le commencement de juillet 1630. Les nombreuses allusions dans la dédicace au combat de l'île de Ré et au siège de La Rochelle où se distingua Puylaurens, le protecteur de

---

[1] Sur lui, voir Tallemant des Réaux, *Historiettes,* p. 352 et suiv.
[2] Tome IX, pp. 207-210.

Mareschal sembleraient indiquer que la pièce fut jouée plus tôt, car le projet de construction de la célèbre digue qui est décrite par l'auteur fut présenté à Richelieu à la fin de novembre 1627, et Schomberg et les Français abordèrent au nord-est de Ré le 8 novembre 1627.[3] Mareschal avide d'actualité, quémandeur des faveurs de la maison de Lorraine, a voulu choisir l'occasion de faire agréer sa pièce. Dans sa dédicace il va jusqu'à dire que dans sa tragi-comédie on trouvera le combat de l'île de Ré. En effet le dénouement de la pièce se fait par la prise de la ville d'Aule par Adraste qui y entre suivi de soldats. Nous concluons donc que la *Generevse Allemande* fut tout au moins écrite soit à la fin de 1628 soit au commencement de 1629. Nous tenons à souligner cette date, car la préface de Mareschal est bien plus énergique en la défense de la liberté du poète que celle bien plus connue d'Ogier qui accompagne la tragi-comédie en deux journées, *Tyr et Sidon,* de Schelandre.

*La Générevse Allemande* n'a connu qu'une seule édition mais elle fut jouée, malgré ce qu'en disent les frères Parfaict, car l'auteur nous dit bien en sa dédicace " cette generevse Allemande . . . vient asseurer . . . l'honneur qu'elle a reçu sur le theatre et l'accueil que le Peuple luy a fait à sa premiere veuë." Ces paroles indiquent que Mareschal écrivait d'abord pour la foule; du reste il s'attaque violemment aux doctes comme on verra sous peu.

L'œuvre de Mareschal est accompagnée de vers " liminaires " de la plume de Rotrou, de du Ryer, de le Brun, de N. B.[4] On y chante les louanges de Mareschal sur tous les tons. Rotrou, faisant allusion à l'Acte II, scènes 4, 5, 6, deuxième journée, proclame que Mareschal:

> Nous fait voir des appas dans l'horreur des prisons.

Pour du Ryer, il est l'

> Heureux ornement de nos iours.

Quant à Le Brun,

> Il faudrait des discours d'Aristandre à Camille
> Afin de te louer.

---

[3] Lavisse, *Histoire de France*, VI, 264-269, et *Mémoires de Goulas*, I, pp. 34-52.

[4] Il nous a été impossible d'identifier cet anonyme.

4

N. B. va plus loin, s'adressant à lui ainsi :

> Toy, le plus capable Genie
> De ceste docte compagnie
> Qui fait vivre un mortel encore apres la mort.

Mareschal dut activer la publication de la seconde journée,
car il avait hâte d'énoncer sa doctrine dramatique. Deux siècles
avant la préface de *Cromwell,* Mareschal s'en prend à ces trois
célèbres unités, car pour lui voilà où se trouve toute la question
de l'autorité des anciens en matières dramatiques. Il sait bien
que les plus " doux Esprits et les plus forts " ont reçu " ces
estroites bornes ni du lieu, ni du temps ni de l'action," mais lui
ne peut se restreindre " entre deux soleils." Son poème a besoin
de Prague et d'Aule,[5] en plus ses vices sont " dans un bon
ordre et ne iettent point vn suiet dans la confusion," seule raison
de la " geine " imposée à un sujet par les Anciens. De plus
Mareschal, qui traite une histoire véritable et glorieuse, trouve
qu'il doit plus de respect à Louis de Chatelet qu'aux anciens à
" la vieillesse capricieuse." Il fait une histoire " de ce siècle."
Son héros est " François moderne " et " ceux à qui il parle le
sont aussi."

Les Anciens, après tout, ne sont pas plus près de la vérité
avec " leurs oracles, leurs Dieux de Machines et leurs Sorcières."
" Pour faire mourir Hippolite, il faut que Thesée implore Neptune, que Neptune soit Dieu et père d'un mortel à qui il a promis
l'accomplissement de trois souhaits." Sénèque fait prendre à
Médée " le chemin des oiseaux pour s'en sortir." Mareschal
doit rechercher d'autres moyens pour en arriver à " cette vray-
semblance qui répond aux humeurs de nos François et aux façons
du temps." Le théâtre a été de tous temps destiné au plaisir et
Aristote va au contraire du plaisir en demandant la crainte et
la compassion, qui, selon Mareschal, " se doivent rencontrer dans
la tragedie."

Les Anciens ont réduit la catastrophe en racontant ce qu'ils
n'osaient faire voir, mais la délicatesse des spectateurs contemporains ne saurait avoir le goût " aspre " des anciens et il leur
faut passer de la douleur au plaisir. Voilà pourquoi Mareschal
trouve la tragi-comédie la perfection des genres. Les anciens

---

[5] Sans doute la ville moderne d'Öls, en Silésie, célèbre depuis le XVIe
siècle selon *Larousse,* pour son château ducal.

n'ont pu observer la rigueur d'une seule action aussi bien que les modernes l'ont fait, par exemple, dans la *Phyllis de Scyre* et le *Pasteur fidèle*. Sophocle, Eschyle et Ménandre ont failli; Sénèque même a deux actions dans *Agamemnon*, dans *la Troade* et dans *l'Hippolite*. "Phedre s'y tuë pour avoir causé la mort de son Beau-Fils." *La Thebaïde* est "honteusement tronquée," car Sénèque n'aurait pu y "mettre une teste car il y a deux corps." Dans *Hercule Œtéan,* Sénèque, pour éviter deux lieux, fait raconter la mort de ce héros au lieu de le faire voir "combattre sa douleur et ses furies & surmonter la mort mesme en mourant." Mareschal trouve que pour éviter de longues narrations ennuyeuses on peut se permettre bien des fautes! L'unité de temps n'est pas observée dans *l'Amphytrion* [6] de Plaute, car "vn enfant est conceu et né." Sénèque fait venir "Thyeste d'vn lieu éloigné hors du Royaume pour arriver à sa propre tragédie." Mareschal demande ironiquement s'il y a "d'autres royaumes qu' Yvetot que l'on peut traverser de l'œil." "Si faire venir un homme quatre cents lieux au moment précis où sa présence est nécessaire dans une pièce pour éviter le désordre" est juste, Mareschal conclut "qu'il n'est rien qui ne le soit au théâtre."

Pour mettre un sujet "en la vray-semblance," il faut, selon Mareschal, prendre du lieu, du temps et de l'action ce qu'il faut pour "faire un suiet curieusement et pour le denouer avecque grace. Les autres ne démélent point vn suiet, ils le couppent." La simple imagination transporte moins bien le spectateur en Orient quand il y a narration que quand il y a action. La narration, au reste, appartient bien mieux à l'histoire ou au genre épique, ajoute Mareschal.

Après ce dernier trait, notre poète conclut par une note spirituelle et philosophique. Pour lui ces "regles ombrageuses qui ne sont point du temps, ne doivent point obtenir de lieu parmi nous, et pour lesquelles, on ne peut avoir d'action contre nous qu'en l'autre monde." Un jour nous saurons "que tout est vanité," que la vie n'est qu'un songe et nos raisonnements des reueries de malade." Dans l'autre monde, où nous aurons des lumières et une raison plus haute, "nous nous mocquerons

---

[6] Cf. le jugement de l'abbé d'Aubignac sur Sénèque dans *la Pratique du théâtre*, II, p. 8; III, pp. 37, 50, 58.

également de ces douces folies." Mareschal, lui, n'attend pas
l'autre monde pour " rire du soin inutile que i'ay pris de former
ce discours, pour soutenir ou reprendre des fautes que les ignorants n'entendront point et que les plus sçavants mépriseront,
prenant ceci comme vne chose superfluë et qui ne peut servir
qu'à ceux qui voudront faillir comme moy."

Mareschal déclare que sa pièce est l'histoire véritable de Louys
de Chastellet qui épousa une Allemande du nom d'Ursules Rudes
de Collemberg et " qui a des temoins viuants encore pour me
démentir si ie prestois à la vérité autre chose qu'vne couuerture
honneste & une couleur agreable aux plus beaux traits." Rotrou
dans la deuxième strophe de sa pièce liminaire dit à ce sujet:

> Que i'aurois douté de l'Histoire
> Si les moins curieux l'ignoroient à la Cour.

Calmet en son histoire de la maison de Chatelet [7] nous dit que
" Louis de Chatelet étant en Allemagne . . . au service de
l'Empereur épousa par contrat passé à Collemberg le 5 septembre 1590 Ursule Ruden de Collemberg nommée la généreuse
Allemande, fille d'honneur de l'impératrice et dont le père était
conseiller aulique de S. A. E. de Mayenne. . . . Leur fils Louis
Jules fut baptisé le 28 août 1594 . . . son attachement inviola-
ble à Monsieur, Frère unique du Roi, causa par la suite sa
perte."

Le Lorrain qu'était Mareschal recherchant la faveur des Chevreuse, de Puylaurens et des Princes de Lorraine, quémandant
l'acceptation des dédicaces aux favoris de Gaston, n'aurait pu
prétendre raconter l'histoire du père et de la mère de l'un d'eux,
alors âgé de trente et quelques années, sans qu'il y eût un sérieux
fond de vérité dans ces aventures de cette amazone allemande et
de ce chevalier français. Toutefois il n'y aurait pas lieu d'ap-
peler Mareschal réaliste. La géographie de l'œuvre est contemporaine, mais trop générale. La faiblesse de l'Empereur est
historique, mais Mareschal aurait pu puiser à d'autres sources
qu'à la vie de la dame de Collemberg. Il en est de même des
mercenaires qui ne marchaient que payés. Le souffle guerrier
qui anime la pièce vient de La Rochelle, non d'Allemagne. L'inconstance d'Aristandre, un des ressorts psychologiques de la

---

[7] Dom Augustin Calmet, *Histoire généalogique de la Maison de Lorraine*, Nancy, 1741. P. 144.

tragi-comédie, est peut-être un trait du caractère de Louis de Chatelet, mais dans toutes ses œuvres de l'époque que ce soit roman, théâtre, poésie, Mareschal emploie l'inconstance comme moyen jusqu'à un tel point qu'on serait tenté d'y voir un écho des désappointements d'amour du poète si on ne songeait que *l'Astrée* fournit le parfait modèle de l'inconstance.

De plus, cette pièce en deux journées est remplie d'emprunts trop nombreux pour constituer ce que Mareschal dénomme " une couuerture honneste et une couleur agreable." D'abord pour la forme par journées, Mareschal n'inaugure rien, car nous apprenons de M. H. Carrington Lancaster [8] que non seulement Hardy s'était servi de cette forme dans deux pièces perdues, *Pandoste* et *Parthénie,* mais qu'il avait été jusqu'à huit journées dans *les Chastes et loyales amours de Théagène et Cariclée* et que Bernier de la Brousse donnait aussi *les Heureuses Infortunes* en deux journées (1618). De même construction étaient *Argénis et Poliarque* de du Ryer et *Tyr et Sidon* de Schelandre.

Le grand ressort de la pièce est la jalousie. Il se peut que Mareschal l'ait trouvé dans sa vie à lui ou dans celle des époux Chatelet, mais cette éternelle faiblesse humaine a pu venir de ses lectures, car, pour citer un exemple entre mille, Cloriande veut la perte de sa belle-sœur comme la Cassandre de Schelandre veut celle de sa sœur Meliane, quand elle désire l'affection de Belcar.

Maints détails de la pièce se retrouvent un peu partout. Aristandre ressemble tant à Enée que Mareschal lui fait déclarer, de retour à Aule :

> Aenée enfin reuient, ie reuoy ma Carthage.[9]

L'amitié d'Aristandre et d'Adraste est aussi un lieu commun de la tragi-comédie. On peut voir jusqu'où l'époque de Mareschal l'a poussé en lisant *Gesippe ou les deux Amis,* de Hardy, emprunté à Boccace. Aristandre, nouvellement arrivé dans une ville, oublie un premier amour en faveur d'un second, et la première aimée, déguisée, le suit et le sauve. C'est exactement ce que fait la *Felismène* d'Alexandre Hardy. Du reste le déguise-

---

[8] *The French Tragi-Comedy,* p. 5. Voir aussi son *History of French Dramatic Literature in the Seventeenth Century,* Part I, p. 326.

[9] Ière Journée, V, 1.

ment d'une femme en homme est un lieu commun de la littérature européenne de l'époque. La *Diane* de Montemayor, *l'Arcadie* de Sidney, *As you like it* de Shakespeare en font foi. M. Marsan en dresse une liste partielle.[10] La Vallière nous en fournit d'autres.[11] Souvent le souvenir de Bradamante vient s'ajouter au simple déguisement. La Camille de Mareschal se bat contre Cloriande, comme Bradamante combat Marphise au chant XXXVI du *Roland furieux*. Camille lutte avec l'épée et le pistolet; sur le champ de bataille elle arme son chevalier. Même si Mareschal n'avait pas su l'italien, il aurait pu lire l'Arioste traduit en français. Garnier lui offrait bien des éléments pour composer Camille et il aurait pu les tirer de *l'Histoire tragicomique de notre temps* d'Audiguier, Paris, 1615. M. Lancaster indique d'autres emplois de ce thème romanesque.[12]

Roselinde poursuit Aristandre comme Arsace poursuit Théagène dans les quatrième et cinquième journées de *Théagène et Cariclée*.[13] De cette même pièce de Hardy, Mareschal a pu tirer l'idée de l'histoire des malheurs de l'Exempt, comme il a pu puiser à la source de la pièce perdue d'Ozmin de Hardy le déguisement [14] de Camille en maçon.

Quant aux lettres qui n'arrivent pas à leur destinataire, mais vont ailleurs, il n'y a qu'à consulter M. Marsan, qui en fournit des exemples.[15] L'emploi d'un fou est un thème du Moyen Age qui se trouve dans *les Miracles de Nostre Dame*. Il a été utilisé dans *les Folies de Cardénio* et se retrouvera dans *l'Ospital des fous*.[16] Le fou de Mareschal joue le mort, tandis que celui de Rotrou est vraiment fou.[17] Le dénouement triplement heureux n'est pas une invention de notre dramaturge. *Les Folies de Cardenio* se terminent par un double mariage. La *Bradamante* de Garnier a aussi le sien, car Léon se contente d'épouser la fille de Charlemagne sans la connaître et cède Bradamante à Roger, de même qu'Adraste ne voit Cloriande qu'au dernier

---

[10] *La Pastorale dramatique*, pp. 267-8, n.

[11] *Bibliothèque du théâtre françois*, I, 324, 528, 551.

[12] *The French Tragi-Comedy*, p. 10.

[13] Analyses de M. Rigal, *Alexandre Hardy*, pp. 435-445, Paris, 1880.

[14] Rigal, *op. cit.*, p. 550.

[15] *La Pastorale dramatique*, p. 360.

[16] *The French Tragi-Comedy*, pp. 10-11.

[17] *L'Hypocondriaque, Œuvres de Rotrou*, Tome I, Paris, 1820.

acte. Pendant huit actes celle-ci a adoré Aristandre, mais Mareschal la force à épouser un guerrier, sans doute parce que M. Jourdain n'avait pas encore donné sa femme au truchement. En somme, Mareschal a peut-être voulu se tenir à la vie, mais il est redevable à ses souvenirs littéraires et dramatiques d'autre chose que d'une simple " couleur." Voici maintenant l'analyse de la pièce.

Aristandre aime Camille, mais Adraste, son ami, l'invite à recommencer la guerre avant de songer au mariage. Aristandre accepte le conseil et voilà le décor transporté de Prague à Aule. Roseline, femme du duc Coryleon, éprouve le doux martyre d'aimer Aristandre, que Clorinde, sa belle-sœur, adore aussi, mais le Français préfère Roseline, qui est plus belle. Le souvenir de Camille cependant le fait se contenter d'accepter une bague que Roseline échangera contre sa vertu. Sur ces entrefaites, Camille, déguisée en homme, arrive à Aule au moment où Cloriande, par vengeance, avertit son frère des sourdes menées de l'étranger et fait bannir Roseline. Après avoir échappé à un guet-apens, Aristandre se trouve assiégé chez lui, où Camille vient le sauver. Repoussée par le nombre, elle se montre en fille au peuple et offre d'aller trouver le prince, tandis qu'Aristandre restera prisonnier en sa demeure. La journée suivante suit tout simplement la première et présente Cloriande qui réussit à obtenir le pardon d'Aristandre, quand un écuyer apporte la bague de Roseline et une lettre au mari. Le duc ordonne le supplice de sa femme et l'incarcération de son amant. Camille emploie tous les moyens possibles pour sauver son bien-aimé. Elle envoie chercher Adraste et ses soldats et pénètre jusqu'au cachot d'Aristandre, qui lui déclare son amour en présence de Cloriande. Le duc envoie des gardes s'assurer de Camille qui se résout à ne manger ni boire tant qu'elle sera prisonnière. Roseline finit par se consoler et Camille obtient un ban de l'Empereur contre Coryléon, tandis que dans un cachot Aristandre débite des stances.[18] Deux jours plus tard, l'assaut de la ville se fait avec force tintamarre. Camille délivre Aristandre. Adraste, après avoir libéré son ami, rend la ville à son prince. Coryléon, qui entend fort à propos les remords de Cloriandre, est convaincu de l'innocence de son épouse. Roseline, rendue libre par Camille, délivre son mari. Coryléon donne sa sœur en mariage à Adraste et conclut la pièce en attribuant l'heureux dénouement à Cupidon, au temple duquel tous iront célébrer ce Triomphe d'Amour.

Mareschal se targue de ne pas obéir à la règle des unités, donc *la Genereuse Allemande* ne les observe pas; l'action se passe

---

[18] M. Lancaster nous a appris que c'était le premier monologue lyrique qui portait le titre de stances au théâtre français. Cf. son *History of French Dramatic Literature*, p. 329.

pour les deux premiers actes à Prague, le reste de la pièce se
déroule à Aule. A Prague il faut trois lieux différents; à Aule
onze. Les frères Parfaict, ne connaissant pas le décor multiple,
ont conclu que l'œuvre n'avait pas été jouée. Voici ce qu'il faut
comme décors pour la première journée : une rue écartée, le logis
d'Aristandre, une salle du Palais de Coryléon ayant le cabinet
de Roseline à côté, un château hors de la ville d'Aule, un bocage
à Prague et les murs d'Aule; pour la seconde journée il faut
une place quelconque devant la ville, le château de Roseline hors
de la ville, la maison de Camille tout près des fossés, à deux
étages, une salle barrée et un cachot, puis le palais de Coryléon
à deux compartiments. Mareschal conserve les actes entiers soit
à Aule, soit à Prague ou dans les environs immédiats, mais le
lieu change quatre fois dans le premier acte de la seconde
journée, trois fois au seconde acte de la même journée.

L'unité de temps est traitée de la même façon. Il est impossible de dire exactement le temps que l'auteur désire utiliser,
mais il est considérable. Entre les deuxième et troisième actes
de la première journée, Aristandre a le temps de quitter Prague,
d'arriver à Aule et de se faire aimer par deux femmes; entre
les quatrième et cinquième actes de cette même journée Aristandre quitte Aule pour aller à Prague, voit l'Empereur et
revient. Entre la première et la seconde journée c'est Camille
qui fait le voyage de Prague. Entre les premier et deuxième
actes de cette journée Camille a le temps de faire venir Adraste
et trois mille hommes à Aule. Entre le troisième et le quatrième
acte de la seconde journée Camille réussit à obtenir des défenses
impériales et de l'argent pour les mercenaires. Il ne faut que
trente-six heures entre les deux derniers actes de la dernière
journée. Même pendant les actes le temps vole, car entre les
première et troisième scènes du cinquième acte de la première
journée, Aristandre a le temps d'entrer dans la ville, d'aller au
bal, d'y prendre rendez-vous avec Vachles, d'y courtiser Cloriandre pour tâcher de sauver Roseline. Mareschal a occupé le
deuxième acte, scène deux, à faire entendre les plaintes de
Roseline captive. Le quatrième acte de la seconde journée
demande toute une nuit.

Quant à l'unité d'action, elle n'est pas observée au sens où
l'entendait d'Aubignac; mais, comme Mareschal a le soin
d'éviter la confusion, les fils multiples de l'intrigue peuvent se

grouper en deux. Les amours des femmes pour Aristandre, leurs luttes constituent le premier intérêt, intérêt psychologique qui noue les quatre premiers actes de la première journée d'une façon acceptable; une fois que Camille a réellement obtenu l'amour d'Aristandre, le ressort principal alors c'est la délivrance du Français. La fin offre tout simplement les explications nécessaires pour rendre tout le monde heureux et permettre aux spectateurs de passer à la joie, théorie que Mareschal proclame essentielle.

Mareschal met en scène dix-neuf personnages nommés, qui parlent tous, ainsi que des soldats, des citoyens et des gardes. Parmi ses principaux acteurs Mareschal a deux groupes : Camille et Aristandre, où il incarne des contemporains, et Roseline, Cloriandre, Coryleon et Adraste qui sont des personnages que le poète est libre de peindre à volonté. Camille qui représente Ursule de Collemberg agit plutôt qu'autre chose. Son grand but est de sauver son bien-aimé. Elle avoue sa faiblesse de ne savoir tenir rigueur devant un baiser. Elle se met facilement en colère et se rend compte de ce péché mignon. Elle est précieuse même dans le danger.[19] Aristandre est Louis de Chatelet. Il est volage, a l'humeur française. Il sait jouer la comédie de la douleur et de l'amour, se laisse aimer, plaint le sort de Gylas mort pour lui, aspire à mourir les armes à la main. Sa préciosité le porte jusqu'à dire en son cachot :

> Oste moy ces liens, ses yeux en ont assez.[20]

Roseline et Cloriandre sont plus intéressantes. Roseline a l'esprit de paix et de douceur. Sa demi-chute lui vient des yeux du Français qui entrent dans son cœur pour combattre son âme. Elle se laisse asservir à l'amour. Elle " craint et désire l'heure " d'être à Aristandre. Captive elle reprend sa clarté d'esprit, car Mareschal désire un dénouement heureux. Cloriandre est intelligente et ne se paie pas de mots. Repoussée, elle se vengera. Sous le coup de la colère elle dénonce Roseline, mais devant la rage de son frère, elle souffre, connaît le remords; mais elle combattra les Dieux, au besoin, pour son Aristandre. Elle ne subit la volonté de son frère en épousant Adraste que par le désir de Mareschal d'assurer un dénouement triplement heureux. Coryléon est un prince qui sait recevoir son monde, désire vive-

---

[19] Seconde journée, II, 6.          [20] Seconde journée, II, 5.

ment marier sa sœur et adore sa femme, mais il est d'une jalousie sans bornes. Cette passion l'aveugle et en fait un rebelle, tant que Mareschal n'a pas besoin de finir sa pièce. Alors il se soumet et se souvient que la vengeance n'appartient qu'à Dieu. Adraste est un soldat qui tombe amoureux à première vue. L'amitié seule l'empêche d'aimer Camille. Il sait bâtir un argument quand il faut persuader à Aristandre de recommencer la guerre. Il se moque finement du langage précieux du héros faisant la louange de la bien-aimée et lui soufflant " Dittes donc vne rose encore sans épines." Mais au dixième acte il oublie ce qui s'est passé au premier et il annonce qu'en offrant la liberté à Cloriandre il perd la sienne.

Il y a un effort pour donner quelque individualité aux personnages secondaires. Le Turc tiré d'esclavage par Aristandre, a appris comme premier mot français le mot : Amour ; l'exempt fait son devoir en mettant son prince avant tout et se parjure pour lui ; le geôlier a eu des malheurs et sait que la délivrance de Thésée fut plus aisée que le sera celle d'Aristandre ; il a de bonnes manières et quand le billet de Camille tombe, il se baisse pour le ramasser. Les gardes lutinent la suivante de Camille, tandis que les soldats et les citoyens ont leur mot à dire dans les combats.

Mareschal, qui n'entend rien à la séparation des genres, fait un fréquent emploi de moyens comiques. La bague de Roseline arrive à son mari par un page qui la perd au jeu. Adraste, commandé par Camille, trouve le monde à l'envers et se demande :

Comme iadis Hercule, Adraste fileroit?

Ménipe et sa folie offrent l'occasion de faire la satire du médecin qui se laisse prendre, cite des remèdes qu'il a empruntés à la mythologie et promet guérison, car les convulsions cesseront dès qu'elles finiront. Ménipe, après avoir annoncé qu'il est mort, représente d'une façon burlesque le passage de Charon et boit l'eau du Styx à deux mains. Coryléon, la ville attaquée, sort de son palais en chemise.

Les bienséances semblent également inconnues à Mareschal. Princes et héros coudoient gardes et citoyens. Duels, assassinats, combats, assauts de ville sont les moyens dramatiques préférés. Camille envoie un billet dans un chapelet, un autre en un bâton ferré qui sert à Aristandre à tenter de se tuer en scène. A chaque fois que le Français sort de son cachot, ses chaînes lui sont ôtées. Gylas tâche de s'évader avec des draps de lit. Trois morts restent sur la scène au milieu du cinquième acte de la première journée jusqu'à la fin, à moins qu'ils ne se lèvent devant le spectateur pour s'en aller.

Mareschal fait un emploi excessif du monologue. La pièce contient mille deux cent quatre-vingt-dix-huit et demi vers sous cette forme, Aristandre en a quatre cent trente-six, Cloriandre deux cent quatre-vingt-trois, Roseline deux cent trente-quatre. Mareschal sacrifie l'élément dramatique de sa pièce en se servant d'un grand nombre de vers lyriques. Camille se retire en un bocage sombre où elle apostrophe le parc et s'endort sous un beau chêne, où Zéphir la caresse et le soleil se joue sur elle. Roseline captive se lamente deux fois sur son sort, et finit par se consoler en se rendant compte que les choses extérieures n'importent pas dans la vie, car chacun porte en soi sa consolation. Aristandre en son cachot débite des stances où il accepte la force du destin. Enfin Elise, la suivante de Camille, sort du logis pour admirer un beau soleil couchant. Mareschal emprunte aussi à la peinture des éléments non-dramatiques. Vachles décrit un tableau avec ardeur. C'est un paysage où les fleurs sont naturelles, les personnages s'animent sous la couleur. "Ils pensent ouyr les oiseaux," voir "croistre les lys"; "les œillets ont odeur."

La préciosité nuit aussi à l'élément dramatique. Il y a trop de roses, de jasmin, de diamants, de perles, d'ambre et de musc.[21] L'objet aimé est "la Merueille du monde," "l'âme de ma vie," "un ennemy si doux."[22] Le Soleil est:

Ce grand œil qui voit tout au monde qu'il éclaire.[23]

Pour demander un peu de lumière Elise dit:

Retirons nous au moins d'vne si noire nuict.[24]

Roseline en une chambre noire trouve dans l'obscurité sa lumière.[25] Au départ de Cloriandre, Aristandre, après avoir avoué son amour pour Camille, s'écrie:

L'Aurore à cette fois a chassé le Soleil.[26]

---

[21] Ière journée, I, 1.
[22] Ibid., I, 2.
[23] Ibid., I, 3.
[24] 2e journée, III, 4.
[26] Ibid., II, 6.
[25] Ibid., IV, 1.

Une dernière citation précieuse : Camille de retour de Prague
sait que son Aristandre n'est pas mort car,

> Non, d'vn si triste coup, l'Uniuers gemiroit
> Le Ciel fondroit en pleurs et toute la Nature
> Se vestirait de deüil pour plaindre cette iniure.

Puisque les personnages de *la Generevse Allemande* s'en prennent souvent aux dieux, on peut se demander si Mareschal, qui
s'était déjà attaqué aux Jésuites dans *la Chrysolite,* faisait partie
du courant libertin de son temps. D'abord c'est Aristandre qui,
apprenant que Camille est en prison, s'écrie :

> Astres cent fois maudits ! toy Ciel ! ie te deteste
> Crier contre le Ciel, c'est frapper vne roche.[27]

Puis Aristandre appelle les Dieux :

> Tyrans malicieux
> De ce qu'on souffre en Terre, on en rit dans les cieux.[28]

Plus tard il n'est pas sûr qu'il y ait des Dieux.[29]   Coryleon aussi
en veut aux Dieux :

> O Dieux ! qui vous riez la-haut des actions
> Où nous porte le vent de tant de passions
> I'apprends que la vangeance est vn objet humain
> Mais qu'elle n'appartient qu'*à vostre seule main.*[30]

Plus tard ce même Coryleon s'exclame :

> O Dieux, iniustes Dieux ! Après vn tel outrage
> Qui vous adoreroit n'auroit point de courage.[31]

Enfin, Roseline craint plus la grâce des Cieux que leurs coups.[32]
    A cette idée de dieux injustes s'associent celle du sort et de la
destinée.   Aristandre se plaint du " Cruel, iniuste sort ! " (Ire
journée, II, 4).   Il craint de rendre le dieu Amour " envieux
de son bien " (Ire journée, I, 1).   Roseline se proclame victime
de ce même dieu Amour.   Gylas rend le sort responsable des
mauvaises nouvelles qu'il apporte.   Cloriandre accepte l'arrêt du
sort, et, quand son coup de pistolet manque et elle ne peut tuer
Camille, elle en accuse le sort.   Coryléon luttera contre les Cieux

---

[27] Ire journée, V, 1.          [30] 2e journée, IV, 4.
[28] 2e journée, II, 5.          [31] *Ibid.,* V, 4.
[29] Ire journée, IV, 1.         [32] Ire journée, V, 2.

mais il sera vaincu. Il n'y a que Camille qui saura de sa volonté faire un second Destin, car elle a un cœur " contre qui ne peut rien le sort ni la rigueur " (Ire journée, III, 1).

Cette idée de la fatalité vient sans doute par la voie des Grecs, mais comme les personnages de Mareschal sont modernes, comme sa pièce est destinée à des Français, comme il veut faire de l'actualité, on peut conclure qu'en matière religieuse Mareschal n'est guère orthodoxe; en plus, étant si près du cercle de Gaston d'Orleans, il n'est pas surprenant qu'il soit quelque peu libertin.

Mais quand il s'agit des grands de la terre, Mareschal chante une autre chanson. Coryléon est forcé de se courber devant l'Empereur. Adraste, après avoir pris Aule, la rend à son Prince. L'Exempt (2e journée, I, 3) résume l'attitude de Mareschal:

> Les grands ont des secrets que la prudence cache
> Moy i'y ferme les yeux . . .
>
> .     .     .     .     .     .     .     .     .
>
> Ie feray mon devoir c'est luy seul qui m'honore.

Un autre point de vue intéressant est l'idée que Mareschal exprime de la vie de cour. Aristandre à sa première captivité, est prisonnier sur parole, il déclare:

> Icy i'ay pour prison la Cour & le Chasteau
> Lieu de captivité qui ne m'est pas nouueau.
> La Cour n'est-elle pas au plus libre vn servage
> Une Prison superbe, un honneste esclavage?

Au total, qu'est donc la vie selon Mareschal? Ménipe nous dit qu'il contrefait le fou devant les fous.[33] Coryléon conseille:

> Auecque la raison toute chose il faut prendre.[34]

Et Cloriandre de répondre:

> La rose et le chardon font vne mesme cendre.[34]

Camille exprime sans doute la pensée de l'auteur quand elle déclare:

> La vie est vn Estat où la fortune regne
>
> .     .     .     .     .     .     .     .     .
>
> C'est un champ, qui veut estre arrosé de nos pleurs,
> Où l'espine se cache et croist dessous les fleurs
>
> .     .     .     .     .     .     .     .     .

---

[33] 2e journée, III, 1.          [34] Ire journée, III, 3.

C'est vn ieu de hasard où la chance meilleure
Fait perdre tous nos ans dans l'espace d'vne heure.[85]

Cloriandre proclame une banalité profonde :

Tousiours nostre interest fait la premiere Loy.[36]

Quelle sera la consolation de tout ce pessimisme ? Roseline la trouve en elle-même.[37]   Chacun porte son propre bonheur.

*La / Sœur Valevreuse / ov / L'Aveugle / Amante / Tragi-Comedie / Dédiée à Monseignevr / Le Duc de Vandosme / Par le Sr Mareschal / A Paris / Chez Antoine de Sommaville, dans la / galerie du Palais, à l'Escu de France. M DC XXXIIII. / Auec P. dv Roy.*[38]

Ni l'exemplaire de la *Bibiothèque Nationale* ni celui de *l'Arsenal* ne portent d'extrait du privilège.   Il leur manque aussi *l'achevé d'imprimer.*   Un manuscrit de cette pièce figurait au numéro 1047 du Catalogue de Soleinne sous le nom de *la Sœur Valeureuse ou l'aveugle amitié,* où nous apprenons qu'il était dédié au maréchal de Créquy.   Pour la première fois en une dédicace Mareschal abandonnait Gaston d'Orleans pour Richelieu, car les démêlés des anciens protecteurs de notre poète avaient amené l'exécution de Montmorency le 30 novembre 1632 [39] et la fuite de Gaston à l'étranger.   Mareschal, obligé de chercher ailleurs un Mécène, offrit sa pièce à un partisan de Richelieu, grand capitaine et ami des lettrés, mais il essuya un refus, sans doute avant le départ de Créqui pour Rome en 1635,[40] où il allait négocier l'épineuse question de l'annulation du mariage de Gaston.   César de Vendôme, ennemi de Richelieu, se trouvant momentanément en France avant sa fuite en Angleterre après la conjuration de Soissons,[41] accepta la dédicace et la pièce fut publiée ; il est impossible d'en fixer la date de représentation.   Nous savons seulement que, selon Mareschal, la pièce suivit le duc de Vendôme aux Fontaines de Bourbon.

[85] *Ibid.,* IV, 2.
[36] *Ibid.,* IV, 3.
[37] 2e journée, IV, 1.
[38] Il y a aussi une édition qui porte 1635.   La pièce a été étudiée par M. Lancaster, *op. cit.*
[39] *Lettres de Peiresc,* Paris, 1898, VII, 418, note de M. T. de Larroque.
[40] Lavisse, *Histoire de France,* VI, 277.
[41] Michaud, *Biographie Générale,* Paris, 1866.

*La Sœur valeureuse* est présentée au public avec les bons souhaits de Scudéry, Mairet, Rotrou, Corneille et du Ryer dans l'ordre donné. Ces pièces " liminaires " n'offrent que des compliments usuels. Corneille compare l'héroïne à Bradamante et à Vénus. Du Ryer composa quarante-huit vers dans lesquels il conseille à l'amoureuse Guerrière de laisser son bras oisif et de se servir de ses yeux, puis il flatte Vendôme, dont un regard inspire plus qu'Apollon.

Mareschal ne nous dit pas où il a pris sa pièce. Son argument, excessivement long et pour cause, n'en explique que l'intrigue, qui est assez touffue. La Vallière (II, 68) renonce à en faire l'analyse. Mareschal nous semble avoir encore employé le procédé de sa première pièce et il a tâché de fondre en une œuvre des souvenirs littéraires et des éléments psychologiques. Ceux-ci lui servent de ressorts dramatiques, autour desquels il groupe des lieux communs de la tragi-comédie. Dans cette pièce-ci Mareschal a refait ce qu'il avait fait dans l'autre. Il ne s'y trouve pas de retentissante préface contre les unités. Au contraire, bien qu'il ne les observe pas, il y a tant de progrès que l'on s'aperçoit qu'il les subit malgré lui. Nous y reviendrons, mais notons ici que *la Sœur Valeureuse*, par ses éléments psychologiques sauf un et par ses côté romanesques, n'est tout simplement qu'une *Générevse Allemande* en une journée. Les amours entrecroisées, les amitiés fidèles, le haut rang des personnages, le pays étranger mais contemporain, les sièges, les déguisements, les duels, les assassinats, les morts en scène, les lettres qui n'arrivent pas à leur destinataire ou qui arrivent au mauvais moment; presque tous les moyens romanesques de la tragi-comédie que signale M. Lancaster dans son ouvrage sur *The French Tragi-Comedy* sont utilisés dans la nouvelle pièce comme dans l'ancienne. Si l'auteur oublie de se servir d'un songe c'est qu'il l'a remplacé par un oracle. Il est à noter, pourtant, que cavernes, magiciens, pirates, naufrages, nourrices, sacrifices humains, et revenants sont absents de l'œuvre de Mareschal.

Parmi ce fatras romanesque qui se termine par un autre dénouement triplement heureux, Mareschal a encore déchaîné le monstre de la jalousie, qui fait commettre toutes sortes de crimes, pardonnés au simple repentir comme dans *les Miracles*, ancêtres de la tragi-comédie. Mareschal a craint que la jalousie seule ne suffise pas en matière de psychologie, puisqu'il a ajouté l'inceste, sujet qui a intéressé le théâtre grec, les poètes latins, le théâtre italien au seizième siècle et le théâtre anglais du temps de Mareschal sans parler du théâtre français avant lui. La Vallière seul fournit l'analyse de sept pièces [42] où cette passion joue un rôle. Bien que Mareschal n'aille pas aussi loin que l'Anglais Ford, il dépasse ses prédécesseurs français. C'est probablement à Ovide que notre dramaturge a emprunté le ressort psychologique qui meut sa pièce. Ovide [43] nous raconte l'histoire de Biblys qui dès sa jeunesse fut prise d'une affection extrême pour son frère jumeau, sentiment qui plus tard devint de l'amour. Elle lutta contra cette passion impudique, mais finalement se résolut à écrire sa confession à son frère, qui repoussa avec rage cette déclaration. Biblys s'en excusa par l'exemple des Dieux et se repentit d'avoir écrit. Croyant que la parole aurait été plus efficace, elle s'adresse de nouveau à ce frère. Après des refus réitérés, le jeune homme s'enfuit en pays étrangers poursuivi par sa sœur, qui par ses larmes se change en fontaine.

L'Oronte de Mareschal dès le berceau a aimé son frère. Elle lui a avoué son amour et a été repoussée. Le jeune homme a fui et a été poursuivi, car le Dieu Amour ordonne à la jeune fille d'aimer. Essuyant un nouveau refus, elle veut vaincre son frère, car elle aura son cœur de force ou d'amour. Mareschal a aussi utilisé le regret de Biblys de n'avoir pas parlé au lieu d'écrire, car Mélinde, qui elle aussi poursuit le jeune homme sans succès se répent d'avoir fait un billet au lieu de s'être servie de la parole. Mareschal, avide de faire œuvre originale et contemporaine, a prétendu revêtir sa fable d'une couleur orientale. M. Pierre Martino,[44] qui ne connaît pas la pièce de Mareschal, nous indique trois romans français et trois tragi-comédies françaises de l'époque auxquelles la Perse sert de cadre, mais ce ne sont selon M. Martino que des œuvres à clef où l'on retrouve " des amours chevaleresques, des faits d'armes, des conversations galantes, des déguisements, des duels, des intrigues de cour etc." C'est exactement le procédé de notre poète chez qui tout est romanesque, la Perse—ou plutôt l'Asie Mineure—ne fournit que le nom d'une ville, Pruse, aujourd'hui Brousse, et l'adoration du

[42] I, 257, 265, 531, 415, 425, 567; II, 41.
[43] Ovide, *Métamorphoses*, IX, 453-665.
[44] *L'Orient dans la littérature française*, Paris, 1906, pp. 28-33.

soleil. M. Martino nous indique comme sources de ces romans contemporains *les Cosmographies de Belleforest* (1572) et de Thevet (1554) et les *Voyages* du Sieur de Feynes (1630) et de Pyrard de Laval (1615). Nous savons que Mareschal n'a rien pris à Laval. Il doit en être de même des autres, car la pièce ne contient que trop peu de couleur persane pour avoir une source orientale. On peut simplement dire qu'une certaine couleur exotique était déjà à la mode à cette époque et Mareschal a voulu se servir de ce qui était nouveau.

Voici l'analyse de cette *Sœur Valeureuse* et incestueuse qui a obtenu, souvenons-nous, les suffrages des grands dramaturges contemporains:

Oronte, fille du Roi de Perse et sœur jumelle de Lucidor, casque en tête, arrive près d'un château où Dorame, prince détrôné, assiège Gélandre l'usurpateur. Celui-là aime Olympe, fille du roi de Thrace, mais celle-ci aime Lucidor et en est aimée. Dorame avait réussi à faire s'enfuir Lucidor auprès de Gélandre et à faire croire à Olympe que Lucidor aimait sa sœur Mélinde. Dorame a reçu un cartel mystérieux d'Olympe, qui, habillée en homme, vient mourir à la place de Lucidor, qu'elle croit lâche et infidèle. Apercevant Oronte endormie et frappée de sa ressemblance avec Lucidor, elle se décide à emporter son casque et son écu. Oronte, réveillée peu après, part à la recherche du ravisseur et sauve la vie d'Olympe que Dorame reconnaît. Mélinde de son côté est devenue amoureuse du rival de son frère et s'est attirée l'affection de Gélandre. Oronte devient grand ami de Dorame qui la croit le frère de Lucidor. Olympe aussi trouve à Oronte des charmes puissants. Oronte accepte un cartel de Lucidor à Dorame, car ce sera l'occasion de revoir son frère. Au combat, elle poursuit son frère de son amour. Lucidor la repousse violemment. Le duel des jumeaux est interrompu par l'arrivée de troupes des parties adverses. Dorame, s'apercevant qu'Oronte le remplace dans la faveur d'Olympe, se prépare à se débarrasser de ce nouveau rival. Résultat: cinq morts et Oronte grièvement blessée. Dans le camp des assiégés les Persans sont arrivés et Lucidor s'apprête à conquérir Olympe les armes à la main; en route il rencontre Oronte et Dorame qui se battent. Il lâche le secret d'Oronte en se riant de Dorame de s'être laissé vaincre par une femme. Oronte attaque son frère, et Dorame se jette entre eux à l'instant où le roi de Perse survient. Un pardon général s'ensuit. Tous sont heureux, Mélinde et Gélandre seront unis, Lucidor et Olympe sont mariés, puis Dorame et Oronte.

Mareschal s'est bien gardé de parler des unités cette fois-ci, car bien qu'il n'en observe aucune, on sent l'effort qu'il fait pour s'approcher de celles de lieu et de temps. Cette tragi-comédie-ci

5

n'a que trois décors, dont deux à compartiments, mais ces décors sont disposés de telle façon que l'on peut voir le château de Gélandre de la forêt, de même que des hommes dans cette forêt sont en vue du château de Dorame. Cet arrangement satisfait l'œil du spectateur et permet aux personnages de passer d'un lieu à un autre sans nuire à l'unité de temps dans chaque acte. Il en est tout autrement d'une pièce comme la *Généreuse Allemande* où les unités ne préoccupent nullement Mareschal. Le premier acte apprend au spectateur que le siège de Pruse dure depuis longtemps, le second le transporte dans la ville assiégée, et au troisième Olympe remercie Oronte de sa victoire remportée au second. Au quatrième acte, Oronte, blessée au troisième, guérit de ses blessures et ce même acte se termine quand les rois partent pour le temple où ils arrivent au cinquième. L'unité d'action souffre du double ressort psychologique, tandis que le triomphe d'amour avait contribué à unifier la *Généreuse Allemande* ; la valeur et l'inceste de l'héroïne, mêlés à la jalousie de Dorame, n'ajoutent qu'à la confusion. Oronte aime Lucidor, Dorame et Lucidor aiment Olympe, Gélandre aime Mélinde, tandis qu'Olympe aime Lucidor et Oronte, Mélinde aime Lucidor. Il n'y a pas d'unité d'intérêt dans la pièce, surtout quand toutes ces amours doivent se terminer par trois mariages dont un seul, celui d'Olympe et de Lucidor, est basé sur une vraie affection.

Mareschal s'est imposé une rude tâche en créant les deux principaux personnages de la *Sœur Valeureuse*. Par sa théorie, qui est celle de la tragi-comédie, il faut que le spectateur ait un dénouement heureux ; avec cela il a été choisir comme les grands rôles agissants une sœur impudique et un homme rendu méprisable par la jalousie, deux sujets de clinique psychologique comme on dit aujourd'hui. Oronte à sa naissance perdit sa mère et dès le berceau montra une affection anormale pour son frère ; elle est sujette à des colères violentes et son tempérament est excessivement guerrier. Il n'est pas surprenant de la voir expliquer son amour maladif par la fatalité de même qu'elle excuse les crimes de Dorame au nom du destin et subit son amour à cause du Sort. Son amitié pour Dorame naît du fait qu'elle souhaite qu'il réussisse auprès d'Olympe, espérant ainsi qu'elle pourra conserver son frère pour elle seule. Elle sait jouer la comédie ; une seule fois elle verse des pleurs, c'est sur son page mort pour elle. Comme autre personnage qui agit, Mareschal offre le

méprisable et hypocrite Dorame. Dès son entrée en scène il se
flatte de son esprit subtil et merveilleux, car ses mensonges ont
trompé le roi, son bienfaiteur, et Lucidor, son ami. Il expédie
quatre assassins contre Oronte et ne se bat en duel avec elle que
parce qu'il n'ose plus confier sa vengeance à personne. Il épie
derrière la tapisserie et dérobe un cachet. Au dénouement une
force secrète, dit-il, le change et puis il ajoute:

> Un crime est effacé quand le cœur en soupire.

Mareschal, à côté de ces deux principaux personnages a placé
deux femmes et deux hommes. Olympe a pris quelque close de
l'impudicité de sa future belle-sœur. Elle s'intéresse à ses propres charmes personnels, aime Lucidor, bien qu'elle le croie lâche
et infidèle, puis s'amourache d'Oronte, dont elle trouve les baisers
froids. Elle permet les privautés de Lucidor et lui promet sous
peu tous les plaisirs du mariage. Mélinde est une poupée qui
subit toujours la volonté d'autrui. Lucidor et Gélandre se con-
tentent d'être simplement des amoureux. Le dernier ne plaint
même pas son pays pendant le siège de Pruse, tandis que le
premier a le rôle ingrat d'échapper à sa sœur, d'être l'amant
d'Olympe et d'être l'objet de la jalousie de Dorame. Il n'est pas
donc surprenant qu'il joue un rôle passif. Il y a trois personnages secondaires d'importance. Il est à regretter que les
deux rois n'arrivent que pour amener le dénouement, car eux,
au moins, sont sympathiques et Mareschal leur fait débiter des
vers qui montrent chez le roi de Thrace l'amour de la paix, chez
le roi de Perse un vrai sentiment paternel. Après tant d'étranges
rencontres le père qui apprend que son fils et sa fille se sont
battus, les sermonne, puis se demande:

> Quel pourra mon courroux châtier le premier?
> Quel pourra mon amour caresser le dernier?     (IV, 8)

Lycanthe est l'écuyer d'Olympe et le confident de Dorame, mais
malgré ce rôle équivoque, il vaut mieux que son maître.

Dans la *Sœur Valeureuse* Mareschal se sert toujours des
moyens usuels de la tragi-comédie: la méprise d'un personnage
qui remet un cartel croyant remettre une lettre d'amour; la vue
d'une plaie toute fraîche; cinq cadavres sur le théâtre; duels et
combats à foison. Tout servira au dénouement. Le remords
subit et immédiatement pardonné sent son Moyen Age. Oronte

et Mélinde acceptent des maris choisis par le Destin. Il y a,
pourtant, un effort visible pour resserrer l'action en nous ex-
posant dans un récit les événements qui précèdent. La narration est longue, difficile, compliquée; afin de la rendre plus
agréable et plus naturelle, Mareschal la fait interrompre six fois
par Lycanthe qui questionne. Il y a aussi progrès dans l'élimi-
nation de l'élément comique. Le ton sombre de la pièce en eut
souffert et Mareschal l'a compris. Le sérieux se maintient dans
le choix des personnages, qui sont tous de sang royal. Lycanthe
n'est qu'un confident, page et soldats n'ont qu'un mot à dire.
Les monologues sont raccourcis. Oronte en a trois, Olympe
deux, les autres personnages n'en ont qu'un; en tout quatre cent
vingt-quatre vers sont consacrés aux monologues. La technique
dramatique est donc en progrès sur celle de *la Généreuse Allemande*. A la troisième scène du troisième acte, Mareschal produit un effet curieux en divisant neuf alexandrins entre deux
personnages. On y trouve un effort conscient pour intéresser le
spectateur par d'autres moyens que des coups de théâtre.

Mareschal continue à se servir de l'élément lyrique. Oronte
chante les douceurs du sommeil. Mélinde débite des stances
pour exprimer son état d'âme depuis la perte de Lucidor jusqu'au
moment où elle se demande si elle doit montrer toujours son
insensibilité à l'amour de Gélandre, victime du Destin. Les
prières des rois n'ajoutent rien à l'action dramatique, mais en
plus des effets scéniques il s'y trouve une note sincère qui a sa
grandeur. Le roi de Perse s'adresse au Soleil:

> Premier flambeau du Ciel, ami de l'Uniuers
> . . . . . . . .
> Dieu de feu, d'vnion, d'amour et de clarté,
> Sans qui l'on ne verroit ni couleur ni beauté,
> . . . . . . . .
> Toy de la Perse adoré, honneur de ces lieux saints,
> Grand Dieu, sois favorable à nos justes desseins
> Que tes plus doux rayons luisent sur nos prouinces
> Et ioints d'affection ces Peuples et leurs Princes.  (V, 6)

Le roi de Thrace implore Mars aussi:

> Toy Pere de la guerre . . .
> Porte loin ta fureur dessus nos Ennemis
> Grand Mars entends les vœux de ces Peuples soûmis
> Qu'ils ne connaissent plus de guerre ou de vangeance!
> (V, 6)

Comme dans *la Généreuse Allemande*, où Mareschal soumet ses Français et ses Allemands au pouvoir du Sort, les Perses, les Thraces et les Bithyniens modernes sont de l'argile sous la main du Destin. Le Sort est cruel à Oronte, mais aussi il arme l'enfance pour sa défense, de même qu'il lui fait pardonner ses crimes à Dorame. Olympe et Mélinde se plaignent de la Fatalité. Gélandre et Dorame la subissent et Lucidor résume toute la pièce en disant à Olympe :

> Et le destin a fait tout cela pour vous plaire.

Cette insistance et persistance chez Mareschal ne peuvent venir exclusivement du théâtre grec ni du théâtre du seizième siècle. On ne peut s'empêcher de croire qu'il a fait de la prédestination sa doctrine philosophique.

A cette note de Fatalité Mareschal ajoute surtout celle de révolte contre les Dieux ; pour Oronte " les Dieux sont faux et des images vaines " et elle les apostrophe :

> Dieux, imprimez-en nous l'espoir de vos miracles
> Vous êtes aussi faux que le sont vos oracles
> De peur on vous adore, et non de volonté
> .　.　.　.　.　.　.　.　.
> Les douleurs et la mort sont fruits de vostre amour.
>
> (I, 4)

Et Dorame s'écrie :

> Et sans me plaindre au Ciel qui n'écoute personne
> J'arrache aux Dieux sur moy le pouuoir qu'ils ont eu !
>
> (III, 2)

On peut d'autant plus croire que Mareschal y exprime sa propre pensée, car mêlés aux Dieux se trouvent des canons contemporains et la crainte d'offenser le roi Louis XIII en permettant des duels.

Quelques exemples de préciosité suffiront à montrer que Mareschal continue à être victime du mal de son siècle : Oronte, après avoir regardé le portrait de son frère, déclame :

> Sommeil ôte à mes yeux vn obiet si charmant　　(I, 1)

Mélinde en une ville assiégée se trouve au dedans fort engagée (II, 1), Lucidor en face d'un poulet et d'un cartel s'écrie :

> Le miel et le poison se ioignent pour me nuire　　(II, 3)

Olympe espère allumer la glace d'un cœur insensible (III, 3).
Le dernier vers de la pièce est une pointe du roi de Perse qui
parle au roi de Thrace au sujet du mariage de Gélandre et
Mélinde et c'est:

> Separons les, mon frère, afin de les reioindre.

*La cour / Bergere / ov / L'Arcadie / de Messire Philippes Sidney / Tragi-
comedie / A Paris chez Toussaint Qvinet, au Palais dans la petite salle,
sous la montée de la Cour des Aydes/ M. DC. XL. Auec priuilege dv Roy.*[44a]

Le privilège est du 15 décembre 1639, l'achevé du 2 janvier
1640. L'épitre dédicatoire est à Robert Sidney, comte de
Leycester, neveu de Philippe Sidney auteur de " ce chef d'œuvre
miraculeux qui passe pour l'Helyodore d'Angleterre." Après les
compliments d'usage, Mareschal parle de sa pièce: " Ie ne vous
entretiendray point de son mérite: c'est assez que le bruit que
le théâtre Français en a fait et les applaudissemens qu'il en a
receus." Mareschal ne dit point la longueur de ce succès, comme
il signale celui de *l'Inconstance d'Hylas.* Son silence porterait
à croire que la pièce n'avait pas été représentée fort longtemps
avant son privilège de 1639. Puis Mareschal explique son procédé. En parlant de son modèle il dit: " Ie l'ay suivy d'assez
près dans les plus belles matières, et ne l'ay point abandonné que
la bien-seance et les rigueurs du théâtre ne m'y contraignissent "
et il signe *A. Mareschal.*

Voyons si Mareschal a su remplir le programme qu'il dit s'être
tracé. Pour lire *l'Arcadie de la Comtesse de Pembrok* Mareschal
n'avait pas besoin de connaître l'anglais, car ce volumineux
roman avait connu deux traductions françaises rivales. Privilège fut accordé à un gentilhomme français le 1er décembre
1624 pour *l'Arcadie* de Sidney et le premier volume sortit des
presses de Robert Fouët le 7 juillet 1624. L'achevé du second
volume est du 11 janvier 1625, celui du troisième du 5 mars
1625. L'éditeur reste le même, mais les deux dernières parties
portent le nom du traducteur, Demoiselle Geneviefve Chappelain,
dont le libraire vante la connaissance supérieure de l'anglais, car
elle a passé sept ans en Angleterre. L'autre traduction est celle
de Jean Baudouin, qui obtint son privilège le 4 mars 1623. Le
premier tome fut publié en juin 1624, le second en novembre de

---

[44a] M. Lancaster a étudié cet ouvrage, *op. cit., Part II.*

la même année et le troisième en mars 1625. " Pour avoir l'intelligence de *l'Arcadie*," Baudouin annonce qu'il a passé deux ans en Angleterre et qu'il a travaillé fort pour faire sa traduction. Malgré les accusations réciproques des traducteurs rivaux, nous sommes de l'avis de M. H. Lawton; [45] il ne semble pas s'y trouver de plagiat. Du reste cette question ne concerne nullement Mareschal, car il a tout simplement pris les faits de *l'Arcadie* et il a pu se servir soit d'une traduction soit de l'autre.

Mareschal, en choisissant l'œuvre de Sidney, n'y a vu que l'occasion d'en faire une tragi-comédie. M. Marsan a parfaitement le droit de condamner *la Cour bergère* comme pièce, mais il ne semble pas qu'il doive s'en servir pour montrer la décadence de la pastorale, genre auquel Mareschal ne rattachait pas son œuvre. Dans cette pièce-ci le dramaturge n'a fait que suivre son modèle, qui est un roman d'aventure à simple couleur pastorale. Mareschal a puisé chez Sidney les éléments romanesques qui pouvaient servir dans une tragi-comédie,[46] les déguisements du héros en amazone, le siège et la prise d'un château, l'emploi d'une prison, l'enlèvement des princesses, le combat de deux chevaliers, la défaite d'un lion et d'un ours par les princes, les soldats qui assassineraient Lysidor, l'exécution supposée de Phyloclée, la mort sanglante de Cécropie. Voilà tous les moyens que Mareschal a pris à son original. C'est son procédé favori, car il fait de même quand il emprunte une comédie à d'Urfé. Mareschal a raison de dire qu'il a suivi de près son modèle, car il en a tiré tout ce dont il avait besoin pour une mise-en-scène de tragi-comédie. Tout ce qui frappe l'œil, tout ce qui est mélodramatique, tout ce qui excite les nerfs, Mareschal le doit à son modèle dont il est l'adaptateur fidèle. Il lui doit aussi tous ses personnages qui, en somme, agissent exactement comme chez Sidney. On ne trouve pas ce souci d'étudier les caractères qui se trouve dans *l'Inconstance d'Hylas*, car cela nuirait à la tragi-comédie; donc Mareschal se sert des personnages qu'il trouve tout faits chez l'Anglais, à qui il emprunte ses deux ressorts dramatiques. L'ambition enragée de Cécropie est bien l'inven-

---

[45] " Notes sur Jean Baudouin et sur ses traductions de l'anglais," *Revue de littérature comparée*, octobre-décembre 1926, 673-681.

[46] C'est du reste ce qu'avaient fait la plupart des auteurs dramatiques qui se sont servis de *l'Astrée:* Mairet (*Chryséide*), Auvray (*Madonte*), Scudéry (*Ligdamon, Trompeur puny, Oronte, Vassal généreux*).

tion de Sidney, et toutes ses luttes, ses machinations, ses crimes, sa mort sans repentir sont dans *l'Arcadie*, de même que les amours du père, de la mère et de la fille pour Pyrocle-Zelmane, qui offrent la base de l'intrigue comique de la pièce.

Les exigences du théâtre ont amené dans l'œuvre de Mareschal passablement de suppressions. Au temps de *la Généreuse Allemande*, notre dramaturge aurait sans doute taillé plusieurs journées dans le roman anglais, mais il sait omettre maintenant et supprime la femme de Dametas, le berger et sa fille, deux méchantes créatures, les aventures du fils de Calander, les exploits glorieux d'Amphyale, toute l'histoire de Pyrocle-Zelmane, les prouesses de Musidor, les tournois, les discussions sur la philosophie de l'amour, toutes les péripéties du siège, la vengeance d'Anaxius et surtout ce dénouement du continuateur de Sidney qui ajoute les pages embrouillées remplies du procès de tous les principaux personnages accusés d'avoir tué le roi, qui n'est même pas mort.

Mareschal, par instinct dramatique, a éliminé largement, et a aussi changé et réduit même les matériaux qu'il s'est décidé à employer. Cet oracle vague que le roi de Sidney ne comprend point, Mareschal en a fait le point de départ de sa pièce; dès le commencement, grâce à l'oracle, nous savons le problème à résoudre; il faut que le gendre rende captifs le père, la mère et l'enfant. La pièce obtient par l'invention de Mareschal une certaine unité d'où sortira le dénouement, qui est bien de Mareschal aussi. Sidney lui fournit tous les éléments de l'amour du père, de la mère et de la fille, mais où le continuateur de Sidney se sert du rendez-vous donné au père et à la mère comme simple prétexte pour les éloigner; Mareschal en fait la conclusion de sa pièce, rapide et logique. Le père, croyant tromper sa femme, la mère son époux, se rencontrent. Il ne leur reste qu'à se taire et à accepter le mariage de leurs enfants avec les princes. L'essence dramatique de ce côté de la pièce est bien de Mareschal. Il a donc bien abandonné son modèle pour obéir aux " rigueurs du théâtre."

Quant aux sacrifices aux bienséances, Mareschal n'en a guère offerts. Il est vrai qu'il n'a pas montré de jeunes princes aux bains des princesses, qu'il n'a pas fait voir Pyrocle en toute son innocence dans le lit de Phyloclée, où elle est évanouie en chemise fine à cause de l'extrême chaleur, et qu'il supprime l'exil de

Lysidor par Pamela à cause de ses trop grandes caresses. Quant au sang versé, Mareschal a omis bien des morts qui se trouvent chez Sidney, entre autres celle de la veuve d'Argalus, qui est tuée dans un combat avec Amphyale, Mareschal supprime aussi la mort supposée d'une des princesses, car, dans le roman, Cécropie fait souffrir les deux sœurs. Mareschal réunit les deux supplices en un. Cette même Cécropie allait bien plus loin contre les bienséances. Son lion et son ours anglais, avant d'être envoyés dévorer les princesses, avaient subi un jeûne forcé, et, au moment de mourir, Cécropie annonce qu'elle avait l'intention d'empoisonner ses nièces. Mareschal se contente de la faire mourir enragée ! A part ces détails, il a utilisé à peu près toutes les ressources que lui offrait Sidney pour enfreindre aux bienséances du théâtre.

Mareschal ne nous offre pas l'argument de *la Cour bergère*. En voici l'analyse :

Le valeureux Pyrocle et le preux Lysidor, amis inséparables, poussés par l'amour inspiré par les portraits de Phyloclée et de Pamèle, filles du roi Bazyle et de la reine Gynécie, se trouvent en Arcadie où s'est réfugiée la famille royale qui, menacée par un Oracle, craint un prince qui saura captiver père, mère et enfant. Pyrocle déguisé en amazone et Lysidor en vêtements de berger pénètrent sans difficultés auprès des exilés. Pyrocle sous le nom de Zelmane attire non seulement l'admiration de Phyloclée mais aussi l'amour du roi comme femme et celui de la reine qui devine son véritable sexe.

Un prince voisin adore aussi la belle Phyloclée, sa cousine germaine. Ce généreux Amphyale n'a pu se faire agréer comme gendre. Sa mère, Cécropie, avide d'une couronne pour son fils tend maints pièges aux princesses que sauvent Pyrocle et Lysidor. Amphyale méprise les moyens d'agir de sa mère, mais celle-ci fait enlever à la fois les jeunes filles et Pyrocle-Zelmane et persiste dans ses machinations sanglantes contre ses nièces. En parfait amant, Amphyale refuse de se prévaloir des situations créées par sa mère ; ne pouvant être aimé par lui-même, il s'ouvre d'anciennes blessures. Quand sa mère survient sur une haute plate-forme pour demander aux enfers de nouveaux tourments pour vaincre Phyloclée, Amphyale veut en finir et se précipite, l'épée à la main, pour se détruire aux yeux de sa mère, qui, croyant que son fils va la frapper recule et tombe sur le théâtre où elle expire.

Sur ces entrefaites Lysidor prend d'assaut le château de Cécropie. Après une réjouissance générale, Pyrocle-Zelmane donne rendez-vous et à la reine et au roi à la même grotte. Ceux-ci se rencontrent et n'ont plus de reproches à adresser aux jeunes princes. Le roi comprend enfin le vrai sens de l'Oracle : Pyrocle-Zelmane a bien captivé père, mère et enfant.

Mareschal a mis tout son effort dans les événements romanesques et dans le dénouement comique de l'intrigue. Il ne faut
pas s'attendre à des personnages étudiés et variés. Il les a
peints tels qu'il les a trouvés chez Sidney. Pyrocle et Lysidor
sont de parfaits amants précieux. Ils feront tout au nom de
l'amour et deviendront même intelligents, surtout Pyrocle à qui
Mareschal confie son dénouement. Sidney a fait Pamèle majes-
tueuse et Phyloclée plus douce. La Pamèle de Mareschal sait
en plus :

> Montrer un front de glace, & brûler au dedans. (III, 1)

Phyloclée est plus faible, elle rougit d'amour et songe aux baisers.
Le vieux roi et sa reine se valent. L'homme a peur de l'Oracle,
pleurniche, se croit sage d'avoir changé couronne en houlette,
n'hésite pas à emploper sa propre fille comme intermédiaire
quand il veut tromper sa femme. De son côté, celle-ci est prête
à tromper son mari avec celui que sa propre fille aime. A part
leur amour pour Pyrocle-Zelmane, ces deux personnages n'ont
rien à faire et ne prêtent, semble-t-il, qu'au ridicule. Cécropie
veut que son fils règne, voilà tout le rôle. Mareschal s'est servi
du personnage pour secouer les nerfs des spectateurs. Cécropie
est sans nuance, la force est son Dieu, la violence et le crime ses
moyens et elle vit enragée comme elle meurt. On se demande
comment elle a pu avoir un fils comme Amphyale, ce vainqueur
des monstres de la Grèce, dont le Dieu Amour a fait un parfait
amant. Dametas, faux brave, n'est qu'un bouffon. Calander ne
paraît en scène qu'au commencement et à la fin pour fournir
des explications indispensables.

Les unités ne préoccupent nullement Mareschal. Il met
presque toute l'histoire sur la scène. La seule exposition est
celle de l'oracle, qui sert à expliquer pourquoi le roi n'acceptera pas de princes comme gendres. De là, point d'unité
de temps. Au premier acte, entre la première et la seconde
scène, Pyrocle se déguise en amazone et va jusqu'aux loges
royales, où se déroule le reste de l'acte. Entre les deux premiers
actes, Lysidor s'est déguisé, Pyrocle a obtenu la faveur de toute
la famille royale. Entre les deuxième et troisième actes les
princesses découvrent le déguisement des cousins, le temps est
vague et Mareschal n'y fait aucune allusion. Entre le troisième
et le quatrième acte, les jeunes filles enlevées sont amenées chez
leur tante, dont le château se trouve on ne sait où, puis Phyloclée

est mise à même de montrer à Amphyale qu'elle ne l'aimera point et, ce qui demande bien plus de temps, ce chevalier se désespère de l'attitude de cette princesse au point de se tuer. En plus le roi entre ces deux actes assiège le château. Pendant le quatrième acte se passent un combat singulier, l'exécution supposée de Pamèle, la mort de Cécropie, la prise du château. Entre les dix scènes de l'acte on trouve quatre interruptions complètes de liaison, ce qui permet à l'acte d'avoir un temps indéterminé. Mareschal ne se presse pas. Du quatrième au cinquième acte le laps de temps est incertain; le dernier acte ne demande que quelques heures.

Mareschal met sa pièce en Arcadie en lui donnant seulement l'unité d'un petit pays. Au premier acte, on trouve le cabinet de Calander à un bout de la scène, les loges royales à l'autre et des bocages entre ces deux points; au deuxième acte, le cabinet de Calander est remplacé par le château de Cécropie avec une plate-forme, dans le bocage se dessine un petit bois et les loges sont toujours à l'autre bout. La décor du troisième acte est celui du second. Au quatrième la tapisserie qui figurait le petit bois s'ouvre au moment voulu pour montrer une prison, puis se referme, tandis que la tapisserie du fond se lève, se baisse, se relève et se rebaisse à la sixième scène pour utiliser toute l'horreur de l'exécution feinte de Pamèle. Les loges royales ne sont plus nécessaires, mais Mareschal n'indique pas ce qu'il en a fait; il a peut-être employé un pavillon pour les cacher, car les loges reparaissent au cinquième acte avec une plaine, au fond de laquelle se trouve une grotte.

L'action avec ses nombreux fils n'a pas non plus d'unité. Cécropie a l'ambition de saisir le trône de Bazyle, qui se protège, de peur de l'oracle, de tout prince et empêchera ses filles de se marier. Voilà les ressorts d'ordre tragique. Les amours de Pyrocle et de Lysidor pour les princesses royales, ainsi que celui d'Amphyale pour Phyloclée sont des moyens de tragi-comédie et les amours du roi et de la reine pour Pyrocle-Zelmane sont des procédés de piètre comédie.

Les monologues, le lyrisme, le Destin et la préciosité continuent à faire partie du théâtre de Mareschal. Les monologues sont moins longs, mais six des principaux personnages en récitent. Mareschal emploie toujours des stances, mais varie son procédé cette fois-ci, car elles se chantent en dialogue lyrique. A la

deuxième scène Pyrocle et Lysidor débitent leurs sentiments sur
les arbres, les oiseaux, les feuilles, les eaux, le vent, puis, ils
quittent la nature pour implorer Amour afin de rendre leurs
maîtresses favorables à leurs vœux. Au dernier acte, à la scène
deux, le roi Bazyle adresse à la nuit favorable une invocation
pleine de lyrisme précieux. Ces vers produisent un effet bizarre.
La situation est tout au moins grotesque et le lyrisme choque,
mais c'est ainsi que Mareschal a conçu Bazyle, car dès le premier
acte il apparaît comme un sage vieillard, s'offrant à mourir pour
les siens et aussi comme un roué prêt à tromper sa famille. La
Destinée dans *la Cour Bergère* ne joue qu'un rôle de convention ;
on n'y sent pas de conviction comme dans les premières pièces
de Mareschal, et les Dieux ne servent qu'à fournir la couleur.
La préciosité est toujours aussi vivace. Pyrocle (V, 3) joue sur
les mots. Lysidor (II, 2) demande aux arbres de rougir pour
lui, car il a quitté son ami pour Amour. Le roi, au lieu de dire
qu'il est temps de dormir, s'exprime ainsi :

> Mais le soleil se couche,
> Madame, allons passer iusques à son reveil
> Sur les maux de ce iour l'éponge du sommeil.          (II, 6)

Par trois fois Mareschal s'est complu à donner libre cours à
sa fantaisie dramatique. Son art a connu une pleine liberté,
mais il s'est perdu dans la tragi-comédie. Les moyens romanesques, l'absence des unités, le mélange du comique et du
sérieux, la recherche des coups de théâtre et du sensationnel
n'ont su produire une belle œuvre.

# CHAPITRE III

## LES COMÉDIES

Non content de s'essayer à la tragi-comédie, Mareschal fit des comédies et eut le bonheur dès 1629 ou 1630 d'en voir une sur les planches. Elle devait y rester de son vivant, car elle se jouait encore en 1662. Dans la comédie Mareschal voulut aussi faire à sa manière. Avide de changement et de liberté, il nous offre trois comédies aussi différentes les unes des autres que l'on puisse imaginer. *L'Inconstance d'Hylas* est une comédie de caractère qui date de 1630, peut-être de 1629. M. Lancaster nous a appris [1] que ce fut la première comédie de caractère sur la scène française, voilà donc une date à retenir. *Le Railleur* est une comédie de mœurs. *Le Véritable Capitan* est une comédie d'intrigue, que Mareschal a proclamé son chef-d'œuvre. Etrange aberration du génie qui ne se connaît pas, car *l'Inconstance d'Hylas* est infiniment supérieure, à moins que Mareschal ne soit un publiciste qui fait de la réclame pour une pièce qu'il désire vendre, car il vante son *Capitan* tout en le promettant au public.

*L'Inconstance / d'Hylas / Tragi-comédie / Pastorale / Par le Sieur M. / A Paris / chez François Targa au / premier pilier de la grand'salle du Palais / deuant la Chapelle, au Soleil d'or / M.DC.XXXV / Avec P. du Roy.*

L'extrait du Privilège nous apprend que la comédie-pastorale fut faite par " Maistre Anthoine Mareschal, avocat en nostre cour de Parlement de Paris." Il est daté du 28 mars 1635 ; l'achevé est du 3 juillet 1635. La pièce est dédiée à Henri de Lorraine, archevêque de Reims, que Mareschal ne flattera pas, car " parler simplement de vous, c'est loüer, c'est benir, c'est exalter." Il est bien plus digne d'accepter l'Ecarlate et la Tiare que d'accepter Hylas, quoique cette pièce se soit souvent fait admirer " sur le theatre et dans les plus beaux cabinets " et qu'elle ait reçu " des applaudissements de tout Paris " et qu'elle ait " une vieille réputation continuée de cinq à six ans." Mares-

---

[1] Cf. son *History of French Dramatic Literature, Part I*, p. 32. Voir aussi, pour son étude de cette pièce, pp. 431-436.

chal vante son œuvre à son protecteur et la présente non moins
modestement à son lecteur, auquel il dit : " N'attends point de
longue Préface . . . après l'applaudissement général et l'honneur qu'elle a receu dessus vn Theatre de cinq ans, ie m'imagine
que son titre luy sert de recommandation . . . c'est tout dire en
deux mots : VOICI HYLAS." Mareschal promet au lecteur impatient qu'il ne s'ennuyera pas, car Hylas est de bonne humeur.
Le succès de la pièce devait durer, car nous savons que l'œuvre
était encore au répertoire de province au moment de la représentation du *Baron de la Crasse,* où se trouve une longue liste
des pièces qui étaient jouées en province à cette époque. Lucas
croit que c'était en 1669,[2] mais M. Lancaster nous apprend que
cette comédie de Poisson fut représentée en juin ou juillet 1662.[3]
C'est aussi la date des frères Parfaict.

La pièce de Mareschal qui fut probablement jouée pour la
première fois en 1629 ou en 1630, deux ans après la publication
de la cinquième partie de l'Astrée, profita sans doute de ce second
engouement pour la pastorale qu'on montra en France de 1624 à
1631.[4] M. Marsan a étudié la progéniture dramatique du roman
de d'Urfé,[5] il a signalé l'emploi de l'Inconstant qui ne jouait
que le rôle secondaire avant Mareschal, car Hylas paraît dans
*la Sylvanire* de d'Urfé, *la Silvanire* de Mairet et dans *l'Astrée
et Céladon* de Rayssiguier. M. Marsan a raison de dire que
Mareschal a puisé trop largement dans *l'Astrée* en faisant usage
des cinq parties de ce volumineux recueil d'amour inconstant.
Toute l'inconstance d'Hylas se trouve chez d'Urfé. Dès qu'il
paraît dans *l'Astrée* il chante :

> I'use tousiours de mes franchises
> Et ne puis estre mecontant
> Que l'on m'en appelle inconstant.[6]

Plus tard, Hylas, qui fait aussi des stances, dit bien :

> Ie change, il est certain, mais c'est grande prudence
> De scavoir bien changer.[7]

---

[2] *Histoire philosophique et littéraire du théâtre français,* Paris, **1895,**
I, 212.

[3] *Mémoire de Mahelot,* Paris, 1920, p. 138.

[4] J. Marsan, *la Pastorale dramatique,* Chap. IX.

[5] Marsan, *op. cit.,* p. 354.

[6] *L'Astrée,* première partie, p. 24, Paris, 1612.

[7] *L'Astrée,* troisième partie, p. 21, Paris, 1627.

Sa devise le résume :

> Une heure aymer c'est longuement
> C'est assez d'aimer vn moment.[8]

Même son ton spirituel est emprunté à d'Urfé :

> Change d'humeur qui s'y plaira
> Iamais Hylas ne changera.[9]

Tous les amours d'Hylas sont dans la pièce de Mareschal, qui n'aurait osé en omettre aucun. C'est de d'Urfé que vient l'idée de faire aimer par Hylas l'inconstante Stelle. L'histoire des lettres de Florice, celle du miroir de Dorinde, celle de la mort de Bellymarthe, celle de la prise de Marcilly, celle du casuiste Adamas, qui sauve son fils au moment du sacrifice, toutes sont utilisées par Mareschal en adaptateur consciencieux. L'amitié de Périandre et d'Hylas, les amours de Florice, de Dorinde, de Stelle ; le mari de Florice, les rois et princes qui poursuivent Dorinde, les tablettes d'amour, les rêves d'Hylas, les Druides, les Oracles, toute la partie de *l'Astrée* où Hylas est en jeu est versée dans la pièce de Mareschal. De là résulte une certaine confusion.

Mais Mareschal a su, et voilà son art, mettre toutes ces matières en justes proportions afin de produire l'effet unique qu'il désirait : l'étude de l'Inconstant. Mareschal a le talent de condenser avec efficacité et mesure. Il est arrivé à ramener sa matière volumineuse à trois actes de pure et haute comédie, suivis de deux actes de pastorale. Il fallait des capacités d'un certain ordre pour restreindre l'histoire de Stelle au juste nécessaire afin de lui faire jouer son rôle dans la pastorale, qui n'est que le dénouement des actes de comédie. Il faut un grand sens dramatique pour réduire les soixante et quelques pages que d'Urfé consacre aux " enfances " d'Hylas à quelques vers. C'est l'exposition du premier acte avant que nous ne voyons Hylas à l'œuvre. Mareschal traite de même les interminables histoires de Florice et de Dorinde, raccourcissant le rôle des deux à l'essentiel et ne se servant que de ce dont il a besoin pour mettre en relief son héros. Deux inconstantes de d'Urfé deviennent des victimes d'Hylas afin de grossir son importance. L'amitié de

---

[8] *L'Astrée*, troisième partie, p. 50.

[9] *L'Astrée*, troisième partie, p. 266.

Périandre et d'Hylas sert de même façon. C'est Hylas qui agit
et qui est responsable du sacrifice de l'amitié à l'amour. Périandre est la victime. Chez Baro, l'amour de Périandre ne peut
résister à la petite vérole. Bellymarthe, homme marié qui poursuit Dorinde, paraît chez Mareschal comme étant mort d'amour
pour elle. Notre dramaturge a su choisir, a su changer surtout
afin de concentrer l'intérêt sur Hylas et de faire une étude de
caractère. C'est, pour l'époque, un assez joli mérite. Voyons
Mareschal à l'œuvre dans une scène particulière : la troisième
du quatrième acte. Nous l'avons choisie parce que M. Marsan
trouve que les deux derniers actes ne sont pas à la hauteur des
trois premiers. C'est la scène des célèbres tablettes d'amour de
*l'Astrée,* Hylas avait dénaturé les douze et ajouté une treizième.
C'est toute une affaire chez d'Urfé ; plusieurs s'y mêlent ; on
finit par s'exprimer plus ou moins longuement. Mareschal a eu
l'idée de les présenter sous forme de dialogue entre Stelle et
Hylas, et chaque loi y est réduite à un alexandrin. Mareschal
combine les troisième et quatrième lois de d'Urfé en une et en
ajoute une de sa façon. Il emploie le procédé de sticomythie et
donne une jolie vivacité à sa scène. Le treizième article est aussi
réduit à un alexandrin que débite Corylas, le berger avide de
voir marier Stelle et Hylas ; le voici :

> De les oublier tous et n'en tenir pas vn.

La technique et le dénouement des deux derniers actes sont
bien à Mareschal aussi. Ayant étudié son personnage et l'ayant
montré à l'œuvre, comment va-t-il finir ? *L'Astrée* lui offrait
cette belle idée, rendre l'Inconstant amoureux d'une Inconstante.
Mareschal s'en saisit, utilise le rêve d'Hylas, pris à d'Urfé, pour
faire croire aux spectateurs qu'Hylas est victime d'Amour. Il
prend à d'Urfé ou à Baro la Fontaine d'Amour, où Hylas a peur
de voir une fatalité qui lui ordonne d'aimer pour de bon. Cette
crainte du Destin, ajoutée à un scepticisme de Don Juan, rend
le personnage le bien de Mareschal. C'est de la haute comédie
que l'on ne retrouvera pas chez Baro, car celui-ci se contente
d'obtenir que tout le monde s'aime à la fin. Chez Mareschal
l'Oracle se prononce et Hylas, en simple mortel, croit que la
Fatalité le force à aimer pour toujours. Il est est terrifié quand
Adamas lui explique les paroles du Dieu Amour : Hylas peut
conserver son humeur ; par cette satire des oracles, recouverte

aussitôt de la joie d'Hylas, la pièce se termine, car les Dieux et Hylas sont d'accord. Toute cette fin est du pur Mareschal. Voici le résumé de la pièce:

Après avoir trompé bien des femmes, Hylas hésite entre l'amour de Dorinde et de Florice. La première qui a peur d'être oubliée comme les autres est aimée de Périandre, ami d'Hylas; la seconde qui craint les baisers d'Hylas a un père qui veut la marier. Les deux amis se jurent amitié avant de permettre à Dorinde de faire son choix. Hylas, peu sûr de la préférence de la jeune femme lui fait vendre un miroir sous lequel se trouve son portrait et s'empresse d'annoncer à Périandre que c'est lui qui plaît le plus à Dorinde. Périandre devant le portrait se retire. Dorinde et Florice voudraient bien savoir laquelle des deux Hylas aime vraiment. Hylas se multiplie afin de continuer à les tromper toutes deux. Quand l'Inconstant songe à offrir une constante flamme à Dorinde, il apprend que Florice s'est mariée par jalousie; la voilà fruit défendu possédant bien plus d'attraits. Comme Hylas n'aime plus Dorinde, il fait accroire à Périandre qu'il sacrifie amour à amitié. Dorinde promet de se venger et Périandre dénoncera Florice à son mari.

Hylas désireux de savoir si l'amour des bois est plus doux que celui du cabinet a été attiré aux bocages du Forez par Chryséïde qu'il a bien vite oubliée après avoir fait la connaissance de Stelle, bergère coquette. Ces deux Inconstants arrêtent les lois d'amour pour ceux de leur espèce; l'un et l'autre seront heureux, car en s'aimant, ils aimeront l'Inconstance.

Mareschal a trouvé ses personnages chez d'Urfé, mais il les a choisis afin de donner à Hylas le centre de l'action. Autour de lui il groupe trois femmes, dont les deux premières l'aiment et souffrent, tandis que la troisième est inconstante. Corylas et Périandre offre un contraste saisissant. Tous deux abandonnés, l'un s'est guéri, l'autre soupire. Alcandre, le père de Florice ne fait que paraître, et il en est de même d'Adamas; les bergers remplissent la scène aux derniers actes sans rien dire.

Le personnage d'Hylas est finement étudié dans *l'Astrée*, mais d'Urfé ne l'avait pas mis au premier plan et son don-Juanisme se perdait éparpillé dans les cinq longues parties du roman. Mareschal lui donne le grand rôle et un relief extraordinaire. Examinons cet Hylas. "Pour quoi n'aimeroit-il qu'une femme? Le soleil ne voit-il qu'une seule maison?" Mareschal demande-t-il (V, 5). Il est incapable d'aimer sincèrement, car si "les yeux sont contents, à quoi bon chercher dans l'âme?" (IV, 3), Hylas a eu dans sa vie une dizaine de maîtresses avant son double amour de Dorinde et de Florice, car il sait aimer au

Temple et à la porte. Il suffit d'un rien pour faire balancer son cœur entre Dorinde et Florice, mais Hylas préfère Dorinde parce qu'elle est aimée de son ami. Ni l'une ni l'autre ne lui laissent le moindre regret devant la nouveauté de l'amour rustique (IV, 2). Incapable d'aimer, Hylas n'a aucun respect pour l'amitié, et après avoir juré fidélité à Périandre, il se prépare à lui ôter sa maîtresse pour le plaisir de le tromper. Quand Périandre lui abandonne Dorinde et part, Hylas se réjouit et dit :

> Mon humeur m'affranchit de semblable folie.          (II, 3)

et il ajoute sur le départ de cet ami :

> Non, ne crains point, amy pour cela que ie meure.

Il n'est pas étonnant que cet Hylas étouffe la voix de la conscience, car, après s'être joué de Périandre, il s'écrie :

> Sortez respects, devoirs, amitié, déference,
> Vous tâchez d'affaiblir en vain mon asseurance.    (II, 1)

Plus tard ses pensées reviennent lui adresser des reproches, il n'écoute point et se console avec cette constatation :

> Périandre est plus simple, et ie suis plus adroit.  (II, 3)

Avec cela il sait jouer l'hypocrite. Quand il essaie de voler Dorinde à Périandre, il accuse son ami de ne pas être fidèle ; et après avoir joué Dorinde, il sait prendre devant elle un accent de pitié innocente. Dans l'espoir de posséder Florice, il offre un affront outrageant à Dorinde et trouve moyen de faire croire à Périandre que c'est pour lui qu'il agit, de sorte que Dorinde se dégoûte de lui. Hylas est aussi un cynique qui non content d'être inconstant se moque des constants car il ne les croit pas sincères. Pour lui les fruits de cette vertu sont tardifs et vivre en constant c'est vivre malheureux. Quand il abandonne Dorinde à son ami qui s'empresse d'aller la trouver, voilà ce que Hylas trouve à dire :

> Dieux ! comme l'insensé dejà court à sa peine.  (III, 4)

Par-dessus le marché ce babillard est un vaniteux qui demande :

> Hylas vaut-il si peu qu'on dédaigne sa prise.    (III, 2)

Il est si sûr de lui qu'il va jusqu'à entreprendre de jouer Florice et Dorinde en présence. Il est fier de son art à tromper, car, dit-il :

> Ie scay l'art d'avancer & faire peu de pas.      (I, 5)

Autour de son héros, Mareschal groupe trois femmes. Elles sont toutes coquettes dans *l'Astrée* mais le dramaturge a atténué la coquetterie de Dorinde en faisant d'elle la victime d'Hylas. Elle sait qu'elle fera son malheur en aimant Hylas, et qu'elle sera oubliée comme les autres, mais l'amour est plus fort que la raison, Hylas la trompera, mais il l'aimera tant! Avec cela elle est vive et intelligente. Hylas ne peut toujours la duper comme il leurre Périandre, car elle sait le secret de l'affaire du miroir; une fois vengée d'Hylas elle n'y pense plus. Florice vit de douleur et de flamme; pour Hylas elle ment à son père, dérobe une lettre pour essayer de le retenir et s'efforce d'exciter sa jalousie pour y parvenir. Stelle est la seule qui puisse tenir tête à Hylas, car elle est d'humeur inconstante, convaincue que

> La constance est un port effroyable aux nochers. (IV, 3)

Les hommes, sauf Hylas, n'ont rien qui les caractérisent. Périandre est le parfait amant et le parfait ami de la littérature contemporaine qui se plaint des rigueurs de l'aimée, et accuse le destin. Il est précieux et pleure avec les Nymphes. Corylas, trahi une fois, ne se laissera plus prendre; Alcandre est un père qui veut marier sa fille; Adamas, le Druide de *l'Astrée,* sert à expliquer les oracles.

Mareschal n'observe point les unités dans cette comédie. Les trois premiers actes se passent à Lyon, les derniers transportent le spectateur dans le Forez. Il y a unité de lieu au premier acte et tout s'y passe dans un parc. Au second acte il y a le tombeau ardent des amants à un bout du parc, à la première scène seulement, puis il est recouvert par une toile représentant un bois où soupirera Périandre. Mareschal utilise aussi un cabinet qui donne sur ce parc. Le troisième acte se passe entre le cabinet et le parc. Les quatrième et cinquième actes sont situés dans les bocages du Forez, décor rustique dont le rideau du fond est tiré à la scène finale pour révéler la Fontaine d'Amour et son Druide.

Mareschal ne se préoccupe nullement du temps. Entre le premier et le second acte Hylas réussit à faire vendre à Dorinde son portrait caché sous le miroir. Entre le deuxième et le troisième acte Périandre revient de son exil aux bois. De la fin du troisième acte au commencement du quatrième Hylas a eu cinq maîtresses, Dorinde quatre amants dont un est mort, et le mari

de Florice l'a laissée veuve.  Peu de temps s'écoule entre les deux
derniers actes, car Hylas est amoureux de Stelle aux deux.
Mareschal n'observe même pas l'unité de temps au troisième
acte, car entre la deuxième et la troisième scène les préparatifs
du mariage de Florice se font.

Quant à l'unité d'action Mareschal obtient une forte concentration en faisant de sa pièce une étude d'Hylas, mais le fil de
l'intrigue Hylas-Dorinde-Florice se termine au troisième acte.
Au quatrième acte il y a matière nouvelle, exposition des amours
de Corylas et de Stelle et la naissance des rélations Hylas-Stelle
qui ne se terminent même pas à la fin de la pièce.  Dorinde est
obligée de prendre refuge à Marcilly au quatrième acte, ce qui
n'a rien à voir avec le reste de la pièce.  La joie d'Adamas à la
délivrance de son fils au cinquième acte n'est pas nécessaire, de
même que les souvenirs fréquents de *l'Astrée* qui embrouillent
l'action, mais qui ont dû être clairs aux contemporains de
Mareschal.  Pour étudier l'Inconstant Mareschal a pris à d'Urfé
non seulement ce qu'il avait de meilleur, mais aussi ce qu'il
avait de momentané; voilà pourquoi sa comédie a subi le sort
de la pastorale d'Urfé.

Il est à regretter que Mareschal n'ait pas continué dans la voie
de *l'Inconstance d'Hylas,* qu'il appelle une tragi-comédie pastorale.  Ayant voulu faire une pastorale, il a évité les écueils de
la tragi-comédie, car il n'y a aucune violence en scène dans
cette pièce-ci et Mareschal s'est débarrassé du fatras romanesque.
N'ayant pas à multiplier les incidents, il a resserré l'action en
faisant de l'intérêt psychologique que lui offrait l'étude du caractère d'Hylas l'unique ressort de sa pièce; n'ayant pas à se pré-
occuper d'un dénouement heureux, il a pu en faire un qui est
logique.  Sans souci des exigences tragiques, il s'est libéré des
longs monologues et a substitué un dialogue vif et rapide.  Ne
se trouvant pas obligé de mêler les genres et le rang de ses personnages, il a su obtenir une unité de ton, qui fait le mérite de
cette œuvre, où il ne se trouve ni tragédie ni farce, rien de pas-
sionné ni de bouffon, et où les bienséances sont observées.  De
cette excursion dans le domaine de la pastorale résulte dès 1630
une comédie pure, vive, où parfois le comique atteint la délicatesse de la scène du miroir, invention de Mareschal, car dans
*l'Astrée* Hylas la raconte et Périandre, en jaloux, seul agit.

Dorinde chez Mareschal se conduit en amoureuse, ignorant la supercherie d'Hylas, elle offre son miroir à Périandre pour qu'il y voie celui qu'elle aime, car, trompée par Hylas, elle aime Périandre à ce moment.

Mareschal a fait aussi la satire de son temps. On sent la critique de la préciosité qu'il attaque surtout dans les amoureux fidèles et pleureurs. Il dit d'eux qu'ils refuseraient

> les plus douces délices
> S'ils ne les achetoient auecque des supplices . . .
> Ils pensent que l'amour n'est pas de bonne marque
> Si ce n'est sous des mots de soûpirs et de parque. (IV, 3)

Les conditions d'amour de Stelle et d'Hylas sont prises à d'Urfé, mais utilisées avec efficacité par Mareschal pour critiquer les amants d'alors. Si Mareschal a oublié sa mignardise usuelle jusqu'à en faire la critique, il ne manque pas de faire la satire de son autre défaut mignon. Il lui faut s'en prendre aux Cieux et il n'hésite pas à se moquer du Destin. Périandre va jusqu'à remercier la fatalité de ce que son ami aime sa maîtresse. Hylas explique la constance de Périandre comme une punition des Dieux et Mareschal termine sa pièce en soulignant la conduite des prêtres qui savent interpréter les paroles des Dieux pour plaire aux fidèles. C'est la continuation de son attaque contre les Jésuites commencée dès *la Chrysolite*.

*Le / Railleur / ov la Satyre dv Temps / Comedie / A Paris / chez Toussainct Quinet, au Palais dans la petite salle, sous / la montée de la Cour des Aydes / M. DC. XXXVIII / Auec priuelege dv Roy.*

Le privilège est du 13 novembre 1637, l'achevé du dernier novembre 1637. Une seconde édition fut publiée en 1648 à Paris sous le titre des *Railleries de la Cour ou les Satyres du temps*. Quant à la date de la pièce on peut accepter la constatation de Mareschal que sa pièce est antérieure aux *Visionnaires* (1637) et à *l'Illusion comique* (1635-1636). Il n'y a aucune preuve que cette pièce-ci soit nécessairement de 1636.[10] Il est probable que *le Railleur* date de 1635.

[10] Voir *Modern Language Notes*, XXX, pp. 1-5, article de M. Lancaster sur les dates des premières pièces de Corneille. M. Lancaster se refuse à accepter la date de 1636 de *l'Illusion comique* fixée par Marty-Laveaux, qui se base sur les frères Parfaict, car ceux-ci se sont basés sur la préface du *Railleur* et, comme on ne sait pas la date de cette pièce

M. Edouard Fournier a publié cette comédie dans son *Théâtre français au XVIᵉ et au XVIIᵉ siècle.*[11] La pièce fut jouée "·au Louvre, à l'Hôtel de Richelieu et au Maraiz," nous apprend Mareschal dans l'avis au lecteur. Il ajoute que la raison qu'elle a cessé d'être représentée est connue de ceux qui l'ont applaudie. Fournier [12] croit que c'est à cause de la description des relations intimes que certaines femmes d'Anne d'Autriche se permettaient selon la pièce de Mareschal. Cette critique est émise par une courtisane que M. Fournel dit avoir retrouvée.[13] Mareschal avait osé placer une femme du monde, une jeune fille et une galante en conversation; évidemment cela devait choquer, car les bienséances se faisaient sentir. En plus dans sa lettre au lecteur, Mareschal est obligé de déclarer qu'il n'a visé personne, mais, comme il s'attaquait aux financiers, aux poètes, aux militaires, il est possible que la représentation du *Railleur* ait cessé pour une autre cause que celle offerte par Fournier.

La comédie est dédiée à l'Eminentissime Cardinal-Duc de Richelieu qui, selon Mareschal, s'est déclaré en faveur de cette pièce " à sa première veuë." En plus Mareschal annonce que sa dédicace est " un acte de reconnaissance de faueurs purement divines." Richelieu lui avait permis de rester en France, comme nous l'avons déjà dit. Mareschal déclare avoir peint souvent Richelieu dans ses œuvres, mais cet ancien protégé d'Orléans et de Lorraine ne dit pas où et pour cause, il termine par ces quatre vers dans lesquels il dépeint le Cardinal ainsi:

> Il est dans le Conseil ce qu'il est dans la guerre
> Et par tout compagnon des Maîtres de la terre
> Des Monarques voisins c'est l'amour ou l'effroy
> Enfin on treuve en luy ce qu'on cherche en vn Roy.

Mareschal explique dans son avis au lecteur qu'il a voulu offrir dans le *Railleur*:

En français une agréable comédie à l'italienne, et le tout pourtant de ma seule inuention . . . ie n'ai rien emprunté d'étranger, et Paris m'a fourny toutes mes idées . . . i'ay pris pour obiets cinq ou six conditions

---

de Mareschal, on ne saurait dater celle de Corneille de cette façon. M. Lancaster a examiné cette comédie dans son *Histoire du théâtre etc., Part II.*

[11] Paris (1871), La Place, Sanchez et Cie, pp. 349-372.
[12] *Op. cit.,* p. 347.
[13] *Op. cit.,* p. 354.

assez comiques pour te faire rire, et trop communes en ce temps pour
n'estre pas connuës. I'ay pensé qu'vne Courtizanne plus adroite que
vilaine, et vn Filou son protecteur valloient mieux qu'vn Parasite et
qu'vne effrontée dedans Plaute et chez les Italiens. I'ay crû qu'vn
Financier, aussi vain que riche et prodigue ne tiendroit pas mal sa
partie en la Satyre, que la Muguette et la Niaise donneraient beaucoup
d'éclat à la Gaillarde . . . i'ay dépeint les fantaisies et les esprits de
nos Dames.

Il ajoute que son sujet est petit mais que la comédie ne demande
pas de grand sujet. En homme de théâtre Mareschal a le soin
d'indiquer que la comédie perd énormément à être imprimée,
qu'il lui faut la scène, car l'action en est l'âme. Il a aussi
le soin particulier d'indiquer qu'il a traité son poète et son fanfaron comme des types généraux, qu'il n'a visé personne, qu'il a
même été plus loin pour éviter des critiques personnelles, car
bien que son capitan soit français et par sa langue et par sa
vanité il a pris le soin de le faire originaire d'Espagne.

Mareschal continue ses confidences. Il a foi en la réussite de
son *Railleur,* car son *Hylas* a démontré qu'il savait écrire une
bonne comédie et il promet une récompense à son lecteur. Sous
peu il lui fera connaître le chef-d'œuvre de ses comédies, "sous
le nom du *Capitan* ou du *Fanfaron."* Le capitan Taillebras du
*Railleur* n'est que l'ébauche de celui tiré de Plaute et accom-
modé "à notre Histoire et à notre temps." C'est Taillebras le
premier capitan en vers, "qui a paru dans la scène française"
ajoute Mareschal et il déclare qu'il n'y a pas de modèle et d'exemple de ce personnage avant lui, car il a précédé deux autres
qui l'ont surpassé en tout le reste, et qui sont sortis de deux
plumes si fameuses et comiques dans *l'Illusion* et dans les *Visionnaires.* Quand Mareschal prétend avoir fait le premier capitan
en vers, il veut dire, sans doute, le premier de sa génération, car
le type est bien connu en France au seizième siècle et au commencement du dix-septième, mais cependant Mareschal oublie
*la Supercherie d'Amour,* publiée en 1627 et *l'Amelie* de Rotrou,
jouée avant 1634.[14] Avant de voir si Mareschal a réussi à suivre
son programme, il nous faut esquisser l'analyse de la comédie.

Clarimand, le railleur, gourmande sa sœur Clorinde de son affection
pour Amédor, nouveau riche, bien qu'il aime Clytie, sœur d'Amédor.

---

[14] Sur le capitan dans la littérature française, voir Fest—*Der Miles
Gloriosus in der französischen Komödie*, Münchener Beiträge, 1897.

Chez celle-ci il rencontre deux soupirants, Taillebras, capitan, et Lyzante poète,[15] qui se proclament l'un l'effroi de l'Univers, l'autre l'Apollon du siècle.   Afin de s'amuser des deux, Clarimand se rend chez
La Dupré, riche courtisane, pour y retrouver Beaurocher, un volontaire.
Les deux hommes se gaussent bientôt du poète, qui débite un sonnet,
et du faux brave, qui refuse de se battre le jour.   Clarimand prépare
pour la nuit des duels où figureront le poète, l'amant de sa sœur,
le militaire et Beaurocher.   Les trois premiers tremblent de peur, mais
cependant Taillebras réussit à faire accepter un fleuret de son choix
au volontaire et sauve sa peau.   Beaurocher croit que Clarimand est
coupable du stratagème du Matamore et se propose de tirer vengeance
en envoyant La Dupré chez Clytie pour le démasquer.   On se résout
à tromper le trompeur en lui faisant signer une promesse de mariage.
Pris, Clarimand se soumet sans protester et la pièce se termine par
un triple mariage.

De cette analyse il ressort que Mareschal a tenu sa promesse
de faire une pièce de rien, à l'italienne.   Son intrigue se réduit
à un railleur qui veut s'amuser et, quand on lui rend la monnaie
de sa pièce, se rend de bonne grâce.   A ce mince fil l'auteur à
ajouté des types, non des personnes.   Nous avons à faire à un
railleur, un capitan, un poète, un filou, une ingénue, une courtisane.   Mareschal utilise ses marionnettes de façon à faire la
satire de son temps de deux manières, d'abord en représentant
des " conditions," puis en faisant une satire générale des mœurs
du temps.

Mareschal a pris comme pivot de la pièce pendant les quatre
premiers actes Clarimand, le railleur.   Ce personnage n'est que
l'auteur, qui pour sa comédie se fait critique de l'amour, de
la poésie, des parvenus et des faux braves.   Tout lui sert, riche,
pauvre, vilain, noble, car

> . . . son humeur est de rire en tous lieux,      (II, 2)

mais c'est un railleur qui, en poursuivant la sœur d'un autre, ne
saurait permettre à la sienne ce qu'il attend pour lui-même.   En
faisant cette raillerie de l'homme de tous les temps, Mareschal
a touché à la haute comédie, celle qui vise à corriger.   Mareschal,
qui n'est guère profond moraliste, ne persiste pas dans cette voie
et il termine en faisant de Clarimand un beau joueur, qui
n'hésite pas à admettre qu'il est pris au piège.   Aux côtés du
railleur, Mareschal présente Taillebras, Lyzante, Amédor et

---

[15] Cf. les *Visionnaires* où il y a capitan, poète et financier.

Beaurocher. Ce Taillebras est un personnage dont les ancêtres remontent à Plaute.[16] Olibrius, fondateur de la dynastie française eut une nombreuse progéniture au seizième siècle. Baïf mit sur la scène Fierabras, Tournebu et Belleau se servirent de Rodomont. Le dix-septième siècle connut les capitans italiens et les matamores espagnols. Le personnage devient tellement un type que les théâtres avaient un acteur préposé à ce rôle. Tallemant des Réaux raconte que "Mondory fit venir Bellemore, dit le Capitan Matamore, bon acteur." [17] C'est celui pour lequel Mareschal créa deux rôles. Chez Mareschal c'est le type conventionnel. Il se présente comme "l'effroy de l'ennemy," proclame que son épée fait fuir le canon, que le monde est son domaine, car:

> Il est Turc à Byzance et More dans Alger. (I, 4)

Son sépulcre sera un tremblement de terre. Poltron né, le capitan de Mareschal reçoit une volée inévitable, car les coups qui pleuvent sur un imbécile attirent toujours le rire. Comme tous ses collègues, doué d'une vanité extraordinaire, il se croit aimé de toutes les femmes, mais Mareschal lui passe en mariage une courtisane. Il lui attribue tous les raisonnements habituels pour lui faire éviter les combats: tout venant n'est pas digne de croiser son fer, il ne saurait faire cet honneur à tout le monde. Voici les vers qu'il débite en un cartel poétique:

> L'oreille à chaque mot doit être frappée
> D'vn coup de pistollet, de mousquet, ou d'épée
> La rime ne porter que de taille et d'estoc
> Ni les lettres s'unir qu'au son de chic et choc,
> Que le point soit hardi, la virgule vaillante. (III, 4)

Mareschal n'a pas consacré autant de soin à ses autres types. Lyzante, le poète, est grave, affecte la particule et n'est point mercenaire, car il a du bien. Auteur comique et fier de ses vers, il se présente comme l'Apollon du siècle. Sa vengeance c'est sa plume; sa consolation, c'est de faire des œuvres qui lui assureront l'immortalité. Le financier est un nouveau riche, qui s'habille fastueusement en gentilhomme et veut dépenser tout son

---

[16] Voir: *Les types de la Vieille Comédie*, Fournel, *la Comédie*, Paris, 1892, p. 81.

[17] *Historiettes*, VII, 174.

bien. Il vise à s'élever par le mariage. Le filou est simplement l'amant de la courtisane. A la fin, Mareschal lui passe tout l'esprit du railleur, car c'est lui qui dénoue la pièce.

A ces rôles d'hommes, Mareschal a opposé trois marionnettes qui débitent ce que leur créateur veut bien leur faire dire. Clorinde est l'ingénue qui rougit quand on lui parle d'amour et ne saurait jouer à la galanterie. Clytie, c'est la coquette, la Muguette d'alors, dont s'occupent tous les hommes de la pièce. Elle est très au courant des actes et gestes des femmes mal famées, mais finit par s'amouracher de l'inconstant Clarimand. Sa devise se résume en cet alexandrin :

> Pourveu qu'on soit heureux, il n'importe comment. (V, 4)

La Dupré c'est la courtisane de luxe, la reine de la galanterie de 1635.

Mareschal a fait non seulement la satire de types contemporains, mais par eux il s'en prend aux mœurs de l'époque. Il s'attaque à la fausse préciosité de la mode et se moque d'une façon toute particulière du luxe des habits des hommes, beaux mignons à moustache, tout couverts de rubans et de nœuds. La verve de Mareschal s'excite à décrire les nuances favorites telles que : *diable enrhumé, Espagnol malade, Astrée, amant blessé,* puis il passe au reste du costume. Mareschal voit son temps en misanthrope et fournit une ébauche de la célèbre scène du sonnet de Molière. Selon Mareschal le cœur est muet chez ses contemporains, on s'épouse pour le bien, l'intérêt domine toutes les actions et il est d'usage d'avoir un " cœur de glace " et du " feu dans les yeux." Les amoureux chantent les cheveux d'or de la bien-aimée et la baisent comme une relique, mais leur amour n'est que sur leurs lèvres. A ces éternels amants qui meurent toujours mais demeurent toujours en vie, à ces passionnés pour qui un moment loin de la bien-aimée est un siècle de tourments, tout sert d'excuse—le Louvre, le Palais, l'Église—pour s'échapper d'une belle à une autre. Il leur est facile de dissimuler, car la coutume est de rire au lieu de pleurer quand on a commis une faute. Il faut se faire passer pour esprit fort, se prétendre peu sociable dans le plaisir comme dans le souci. Tout est corrompu selon Mareschal car la poésie même n'est qu'une lèpre de l'âme. C'est un art de mentir, de flatter, de médire dont les poètes se servent pour caresser l'oreille des grands.

Femmes et hommes se partagent cette critique de manque de sincérité. Mareschal s'en prend aux filles de Vénus d'abord, à ces fières courtisanes qui ont plus de pensions qu'on n'en retranche au Louvre, qui paradent et affichent leurs bijoux, qui de leur lit ont table et domaine, pages, laquais, carosses et leur place à la comédie, qui mettent cent à nu pour se payer deux habits, et qui, hypocrisie suprême, savent contrefaire la dame, au besoin. De la fille publique Mareschal passe à la vierge et la raillerie n'est pas moins violente. Si Clorinde n'est qu'une niaise, c'est qu'elle arrête la main de son amant sur son sein timide. Ses sœurs se fardent et portent collets ouverts pour attirer les hommes. Elles imitent les courtisanes de toutes façons, coiffure, jupes, robes et se font courtiser pendant dix ans. Les églises leur servent de rendez-vous clandestins. Celles qui n'osent faire l'amour aux hommes le font entre elles. Certaines s'habillent en homme. Don Quichotte les prendrait pour des Amadis; les dames de la cour se courtisent les unes les autres, s'appellent amants, serviteurs, mignons, tout comme dans l'Astrée; elles languissent, se caressent et s'adorent, et Clytie, elle femme du monde, d'ajouter qu'elles font pis. Heureusement les bienséances, car Mareschal dit que sa pièce est dans les règles, ont empêché l'auteur d'aller plus loin.

Quand Mareschal déclare que sa comédie est dans les règles il fait surtout allusion aux célèbres unités qui ont été pour lui dès son début ce qui caractérise le théâtre régulier et le distingue du théâtre libre. Pour Mareschal en 1635, c'est observer les unités que de rester dans une ville ou ses faubourgs et de permettre à l'action de s'étendre à une trentaine d'heures. Le *Railleur* emploie le décor multiple, car il faut pour cette comédie trois maisons, celle de La Dupré sur l'autre bord de la Seine, celle de Clytie et celle de Clorinde dans la ville. La dernière doit être à deux étages, à fenêtre et perron, avec un cabinet—encore le sens pittoresque chez Mareschal. En plus il faut une place publique; un simple carrefour ferait l'affaire. Mareschal ne s'en tient pas non plus à une seule journée, car l'action commence l'après-midi d'un jour et ne finit que le lendemain. Les liaisons de scènes ne préoccupent pas encore Mareschal et il laisse la scène vide au besoin. Au premier acte Clarimand quitte le théâtre pour se rendre chez Clytie, où il se trouve à la scène suivante. Entre le premier et le second acte, il ne faut au même Clarimand que le

temps nécessaire de se rendre chez La Dupré. Entre les deux
actes suivants, Beaurocher ne fait que reconduire Clytie chez
elle. Au troisième acte la nuit survient. Entre les troisième et
quatrième actes quelques heures s'écoulent, car on se retrouve
chez Clorinde de grand matin. Entre les deux derniers actes le
temps est indéterminé; Beaurocher part à la recherche de
Clarimand qu'il rencontre. Quant à l'unité d'action Mareschal
l'obtient en faisant que son héros se moque de tout le monde,
même quand le trompeur est trompé, car alors Clarimand se
raille du railleur. Par la satire de tous ses personnages et de
leurs mœurs, on sent bien que notre auteur a obtenu l'unité
d'action qu'il désirait.

Mareschal s'est proposé de ne se servir que de ce que Paris
pouvait lui fournir et il a tenu parole, car il offre un tableau de
certaines conditions telles qu'il les voyait, mais il n'a pas su
revêtir ses marionnettes de leurs propres costumes. Il a agi, a
pensé, a parlé pour elles. Voilà le défaut qui l'empêche d'avoir
créé une belle œuvre réaliste, mais il y a un certain plaisir à
retrouver le Paris de Richelieu, car dans le *Railleur* il y a force
allusions à la libraire Camusat, aux peintres Ferdinand Elle et
Fréminet, à Marays, le plaisant de cour aux gages de Richelieu.
Le Pont-Neuf relie les bords de la Seine et le faubourg St-
Germain est tout nouveau. L'Académie, le Marais, l'Hôtel de
Bourgogne y côtoient le Louvre et le Palais de Justice, Mareschal
n'a pas oublié les Petites-Maisons où, selon lui, grand nombre
de ses contemporains auraient dû loger.

La satire est le grand moyen comique de Mareschal, mais il a
aussi recours au burlesque et à la farce afin de faire rire et
sourire. Les pauvres Muses sont appelées " vieilles putains," le
poète se guérit de la migraine en buvant tout l'Hélicon et le
Parnasse a des ruisseaux sans poissons. En défiant son adversaire, Lyzante le menace d'être poussé d'un coup de pied à la
barbe des Dieux dans le royaume sombre et, si le fleuret ne peut
trouer la peau du Capitan, c'est qu'il est de la race d'Achille.
Les plaisanteries grossières de la farce ne se trouvent pas dans
l'œuvre de Mareschal, car il a eu le bon goût de se restreindre à
quelques gauloiseries qu'il indique sans trop y insister. Avec
courtisane et filou dans la pièce, il faut savoir gré à Mareschal
de s'être retenu. C'est Taillebras qui a le plus l'odeur de la

farce, bien que Lyzante se couvre de maille pour son duel et crie
bien bas pour attirer l'attention de son rival. Taillebras est
battu et roué. Son épée rouillée doit sortir du fourreau avec l'aide
de ses pieds; ses jambes en compas, sa moustache en épouvantail
devaient faire pouffer de rire le parterre, tandis que la ville
était amusée par le scandale de la cour et la satire du temps.

*Le Veritable / Capitan / Matamore / ov / Le Fanfaron / Comédie /
Representée sur le Theatre Royal du Maraiz / Imitée de Plaute par A.
Mareschal / A Paris / Chez Toussainct Quinet M. DC. XL, auec priuilege
du Roy.*

L'Arsenal possède un exemplaire de la même date et en tous
points conforme sauf que l'auteur est désigné sous le nom
d'André Maréchal. Le catalogue de Soleinne, n° 1048, cite une
édition du *Capitan Matamore,* à Lyon chez Claude la Rivière,
1645, que nous n'avons pu retrouver. Quant à la date, il est à
noter que Mareschal parle du *Capitan* dans son *Railleur,* donc la
pièce était presque finie en novembre 1637.

Cette comédie est dédiée à Henry Le Boutillier, comte de
Vinieul, lorrain, selon Tallement des Réaux.[18] Elle rejoindra
son protecteur, jeune homme de vingt-trois ans, " pour chasser
la mélancolie d'vne prison de trois ans à la Bastille." Le privilège est du 15 février 1639 et l'achevé du 17 janvier 1640. Mareschal est fier des applaudissements que sa pièce reçoit depuis
deux ans au Marais. Il proclame qu'elle n'a rien à voir avec une
autre œuvre publiée un an auparavant sous le même nom, *le
Capitan ou le Miles Gloriosus*; voilà pourquoi il appelle sa pièce
du titre de *Véritable Capitan* et il ajoute:

> Ie mets en œuvre cette distinction de Librairie, qui toute mauvaise
> qu'elle est, a esté receue en beaucoup d'autres ouvrages pour faire
> difference des pièces representées d'auec celles qu'on appelle contrefaites
> et qui n'ont iamais connu le Theatre ny l'éclat des flambeaux en
> plein iour.

Mareschal doit se tromper, car, d'après un examen de plusieurs
pièces, telles que *le Coriolan* de Chevreau et *le Véritable Coriolan*
de Chapoton, *la Sémiramis* de Gilbert et *la Véritable Sémiramis*
de Desfontaines, *les Frères rivaux* de Beys et les *Véritables
Frères rivaux* de Chevreau, du *Martyr de Saint-Genest* de Desfontaines et du *Véritable Saint-Genest* de Rotrou, sans parler

[18] *Historiettes,* VI, p. 150.

des *Précieuses ridicules* de Molière et des *Véritables Précieuses*
de Somaize il paraît que l'épithète de *Véritable* s'appliquait à la
pièce qui venait la seconde. Les deux *Sémiramis* se trouvent
dans Mahelot et Gilbert dit bien que sa pièce a été représentée
par la troupe royale; *le Coriolan* de Chevreau a force indications
scéniques. Du reste la pièce du *Capitan* anonyme a tout ce que
demande la représentation et voici un détail précis, un des personnages s'appelle Gringalet, or c'est le nom d'un farceur de
l'Hôtel de Bourgogne (Voir d'Esternod, *l'Espadon satyrique*, p.
186, édition critique de Fleuret et Perceau, Paris, 1922). L'autre
pièce avait été problablement faite pour l'Hôtel de Bourgogne.
On trouve assez souvent des pièces rivales du même nom à cette
époque, d'où la nécessité d'en indiquer une par le titre de
*Véritable*.

Mareschal dit bien que l'auteur de l'autre pièce et lui ont puisé
à la même source, mais qu'ils ont fait " des ruisseaux bien différents." L'autre poète, selon Mareschal, a suivi servilement
Plaute et l'a laissé " sec et décharné " comme le théâtre ancien,
tandis que lui Mareschal a donné de " l'embonpoint au sien en
y ajoutant la liberté de son siècle, la jeunesse et les traits de la
mode," car il a voulu surtout peindre " ce viuant Matamore du
Theatre du Maraiz, cet original sans copie et ce Personnage
admirable qui rauit également et les Grands et le Peuple, les
doctes et les ignorants." Il s'agit de l'acteur Bellemore dont
nous avons parlé plus haut en étudiant *le Railleur*. Mareschal
déclare avoir purgé la scène " des personnages infâmes et
honteux et des violences les plus cruës." Il a habillé Plaute à
la moderne, il a choisi Paris au lieu d'Ephèse et a pris le sujet
des rodomontades à l'histoire de la France contemporaine et la
pièce est " du iour mesme qu'on la jouë, au moins tant que la
guerre durera entre les deux couronnes de France et d'Espagne."
Puis Mareschal ajoute qu'il a observé la liaison des scènes qui
n'est pas dans Plaute et que toute l'action ne demande que le
temps de la représentation.

Que Mareschal est loin de ses débuts. Le voilà fier d'observer
ces unités qu'il combattait vigoureusement. C'est peut-être la
vanité d'un homme de théâtre qui veut démontrer qu'il peut
faire ce qu'il lui plaît et qu'il peut écrire au goût du spectateur
dans les règles comme hors les règles.

Mareschal termine son avertissement, qu'il déclare bien trop long, en donnant son idée du théâtre de Plaute. Il déclare que les trois meilleures pièces de l'auteur latin sont : *Amphitrion, les Menechmes* et *le Capitan.* Les deux premières pièces ont tant de fautes étranges que Mareschal ne les énumère même pas, dit-il, et c'est dans *le Capitan* que Plaute trouvait ce qu'il cherchait. Mareschal néglige de faire savoir que Rotrou avait adapté les deux autres à la scène française.

Examinons les diverses parties de cet avertissement de Mareschal et commençons par la pièce qui parut sans doute après la représentation de celle de Mareschal mais avant son impression. *Le Capitan / ov le Miles Gloriosvs / Comédie de Plavte* parut bien en 1639 chez Augustin Courbé à Paris sans nom d'auteur. La pièce est dédiée à Monsieur d'Emanville et ne contient que des compliments et point de renseignements. Le privilège est du 20 février 1639, l'achevé du 1er mars 1639 (la date de 1629 est évidemment une coquille). Mareschal a raison quand il dit que l'anonyme suit de près Plaute, car voici l'argument mis en tête de l'œuvre de l'auteur latin que nous traduisons :

Un soldat emporte une courtisane d'Athènes à Ephèse. Le valet de son amant qui veut en annoncer la nouvelle à son maître qui est en mission est lui-même fait prisonnier en mer et donné en cadeau au même soldat. Faisant venir son maître d'Athènes, il fraie un passage dans le mur mitoyen de deux maisons afin de permettre aux amants de se voir. Le garde de la jeune femme les voit du toit, mais on le mystifie et on parvient à lui faire croire que c'est une autre jeune fille. Palaestrio fait aussi abandonner sa maîtresse par le soldat sous le prétexte que la femme du vieillard d'à côté aspire à l'épouser. Le soldat implore sa première maîtresse de le quitter et la couvre de cadeaux, puis attrapé chez le vieillard il est roué de coups comme adultère.

L'auteur anonyme suit pas à pas cette intrigue, les lieux sont les mêmes et les personnages semblables possèdent les mêmes qualités. L'auteur ne s'est nullement préoccupé des bienséances car le parasite goulu sert le capitan par intérêt de son estomac comme dans Plaute, le dénouement de la pièce anonyme est amené par une courtisane comme chez l'auteur latin, et, quant à l'héroïne, il n'est plus question de mariage dès qu'elle a passé par les bras du Capitan. La seule suppression au nom des bien-

séances est celle du couteau du cuisinier, qui chez Plaute menace
le *Miles* de lui couper le ventre et plus.  L'anonyme français a
ajouté quelques autres changements.  Il attribue des terminai-
sons françaises aux noms de ses personnages; par exemple,
Philocomasium devient Philomasie, Acroteleutium, Artoclise,
une servante s'appelle Laurette, le cuisinier Gringalet.  Toute
aussi française est la transformation du petit esclave de Plaute
en un laquais qui parle sur la cinquième scène du dernier acte,
bien qu'il ne paraisse pas à la liste des personnages.  De plus
l'inconnu a ajouté deux duos d'amour entre Pleusidore et Philomasie dans un cabinet et il a donné un monologue (III, 1) à
l'amant, où celui-ci se laisse aller à des plaintes sur les devoirs
d'amour.  Ce même personnage débite trois strophes de dix vers
(V, 6), où il chante la joie d'être en mer sain et sauf, faisant
voile pour le pays natal.  Tandis que le *Miles* de Plaute se console de son sort en disant que ce sera une leçon pour les adultères
et qu'il y en aurait moins dans l'auditoire s'ils étaient punis
comme lui, le Capitan français n'est point corrigé, il se vante
comme auparavant et prétend se venger en levant une armée.
A part ces changements et quelques scènes raccourcies ou allon-
gées, l'auteur anonyme a fait une traduction consciencieuse de
Plaute et Mareschal a raison de dire qu'il a serré de près son
modèle.  On doit se rappeler que le rival de Mareschal a le soin
particulier de désigner son œuvre comme une comédie de Plaute.
Il n'a rien pris à Mareschal.[18a]  Le dénouement avec sa note de
fanfaronnade se trouve chez les deux Français mais n'est pas
du tout le même.  Il en est de même en ce qui concerne les deux
scènes d'amour que l'on retrouve chez d'autres poètes du dix-
septième siècle.

Mareschal s'est servi du même fond qu'a employé son contemporain.  Il l'a trouvé dans l'original naturellement.  L'action
chez Mareschal est celle de Plaute mais voici les changements
que notre dramaturge a aménagés: Il a d'abord transplanté
l'action d'Ephèse à Paris.  Ayant choisi un cadre contemporain,
il a donné plus d'explication pour rendre plus probable la déten-

---

[18a] M. Lancaster, qui étudie cette pièce et celle de Mareschal, *op. cit.*,
*Part II*, pp. 266-271, indique certaines ressemblances de détail entre
les deux comédies et croit qu'il y a eu influence, mais il ne sait pas
quelle pièce a précédé l'autre.

tion d'une captive, car on ne pouvait garder une jeune fille ver-
tueuse dans le Paris de Richelieu comme on pouvait détenir une
courtisane à Ephèse. Le Capitan devient Gascon et est affublé
d'un nom espagnol, Mareschal ne se servant de l'Espagne que
quand il a besoin d'un personnage ridicule. Les autres acteurs
de la pièce portent des noms français et ont des occupations pari-
siennes. Periplectomenus devient Périmène, bourgeois de Paris
au lieu de vieillard d'Ephèse; Palaestio et Sceledrus, esclaves,
sont Palestrion et Scélèdre, valets; Astotrogus, parasite, devient
Artotrogue, filou. Au nom des bienséances, Mareschal ne remet
point en scène une Dupré, et l'Acroteleutium latine devient
Artelese, la nièce de Périmène; la vertu de Philocomasium,
devenue Philozie, est respectée par le Capitan et par Pleusides,
transformé en Placide, et les amants convoleront en justes noces;
le cuisinier et son couteau ont disparu; le déguisement de
l'amant en matelot est remplacé par celui d'un plus noble com-
missaire. Mareschal en plus a énormément grossi la note d'exagération de Plaute: les victimes du Capitan latin sont au
nombre de sept mille, l'anonyme le porte à cent mille six cent
soixante et Mareschal n'hésite pas à lancer trente millions sans
compter les animaux, le sort et le Destin. Le grand arsenal du
Gascon est bien à Mareschal; bien à lui sont aussi une foule de
détails contemporains: la Flandre; Mastric, ville alliée; la
visite de la reine de Suède qui vient chercher le Capitan pour
remplacer son époux; le siège de la Rochelle et celui de Bréda;
le passage de Suze; la guerre entre la France et l'Espagne; le
recrutement des soldats parmi les filous, les batteurs de pavé et
les tireurs de manteaux; le faubourg St-Germain, le Pont-
Neuf, la Samaritaine et Montfaucon, tombeau ancestral de la
dynastie des Scélèdres.

Mais l'emprunt à Plaute demeure considérable, car les deux
idées maîtresses de la comédie, la mystification de Scélèdre et la
rosserie du Capitan, sont utilisées en plein, tandis que le bou-
clier du faux brave, les prétendus exploits guerriers et amoureux du même, tout est dans Plaute. Le recrutement des soldats,
l'évasion du singe, le gibet qui attend Scélèdre, le songe de
l'héroïne, le double rôle de celle-ci, l'ivresse du valet, le fait que
le Capitan doit se débarrasser de la première femme avant d'en
prendre une autre, les enfants nés guerriers, les folies de l'amour,

7

les prétendues larmes de Phylozie, le valet qui doit rappeler à
son maître la parole donnée pour empêcher celui-ci de la
reprendre quand le susdit valet se déclare désolé de le quitter,
tout cela a été pris à Plaute. Mareschal a aussi fait de Palestrion
la cheville ouvrière de l'action. C'est lui qui pense, qui agit,
qui dirige tout.

Mareschal a supprimé toutes les explications des scènes, des
personnages et de l'action que Plaute trouve nécessaires pour
faire comprendre à son auditoire ce qui se passe. Il fallait tout
expliquer au temps de Plaute, mais ce n'était plus le cas en l'an
de grâce 1638, en France. Voici le résumé de la pièce qui
montrera Mareschal à l'œuvre :

> Palestrion, ancien valet de Placide, amant de Phylozie, se trouve au
> service de Matamore, capitan gascon. Ce dompteur des hommes, des
> femmes et des Cieux adore la dite jeune fille qu'il a ramenée de Flandre
> à Paris. Le valet se propose la délivrance de la captive par adresse.
> Il commence par réunir les amants tout en faisant croire au domestique
> du Fanfaron que la jeune fille a une sœur jumelle et qu'il n'a pas
> vu ce que ses yeux ont vu. Avec le secours de Périmène, bourgeois
> de Paris, le valet fait accroire au Matamore qu'Artetèse, nièce de
> Périmène, l'adore et lui demande rendez-vous. Devant ce nouvel amour
> le Gascon consent à abandonner Phylozie et quand il pénètre chez Péri-
> mène pour y retrouver Artetèse il est rossé à coups redoublés.

A tout prendre on peut accorder à Mareschal d'avoir rempli
son programme, qui était de rendre Plaute agréable au public du
Marais, qui allait au théâtre pour s'y amuser et applaudir
Bellemore. Au nom des bienséances Mareschal a éliminé les
personnages infâmes et les plaisanteries crues de son modèle.
Reste à voir s'il a observé les unités dans toute leur rigueur, car
il se vante que l'action de sa pièce ne demande que le temps
nécessaire pour la représentation. On ne devait pas perdre de
temps alors aux entr'actes, car Mareschal nous dit bien que
" toute l'action ne s'étend pas au delà d'une heure."

Par unité de lieu, Mareschal n'entend pas une salle ou une rue,
car avant sa pièce il nous indique bien qu' " On ouvre la toile qui
couvre deux maisons, représentées par deux chambres qui
paroistront au fonds du theatre, divisées par vne tapisserie qui
les sépare." Cela permet à Mareschal deux lieux et la rue devant
les maisons. Le sujet, comprenant des jumelles, ne pouvait
s'accommoder de moins. Quant à l'unité de temps, Mareschal

observe rigoureusement la liaison des scènes. Ce sont des liaisons de présence dans tous les cas et les actes ne comportent que
le temps actuel de la représentation. Entre les actes il n'y a
pas de temps perdu. A la fin du premier le singe est sur le toit ;
au commencement du second acte Périmène défend qu'on coure
sur sa maison. Entre le deuxième et le troisième acte il ne faut
que le temps nécessaire à Scélèdre de s'assurer que la jeune fille
est chez son maître. Entre les troisième et quatrième actes
Mareschal laisse la scène vide pour permettre au Capitan d'annoncer le résultat de son recrutement. Au quatrième acte Placide part pour se déguiser et reparaît afin de débiter un monologue à la première scène du dernier acte.

De même que Plaute a fourni l'unité de lieu et celle de temps,
car à part de rigoureuses liaisons de présence, Mareschal n'a
eu qu'à puiser à son modèle, l'auteur latin a contribué l'unité
d'action, car l'esclave de Plaute est la cheville ouvrière de la
comédie et Mareschal n'a eu qu'à faire de son valet son successeur. Palestrion n'a qu'un problème, la délivrance de la jeune
fille, comme son ancêtre latin, et la pièce se concentre logique-
ment autour de la solution de cette question. Voilà Mareschal
arrivé à ces célèbres unités des doctes, nonobstant ses déclara-
tions de jeunesse !

Il ne saurait être question d'étude de caractères dans *le Capitan,* car ce n'est qu'une comédie d'intrigue et telle l'ont conçue
Plaute, l'anonyme français et Mareschal. Les personnages répè-
tent les vers que l'auteur leur souffle. Matamore n'a de Gascon
que le nom, sauf peut-être que le mirage fait exagérer cet ancêtre
de Tartarin bien plus que le *Miles* de Plaute. Matamore possède
les trois caractéristiques essentielles de tout capitan : la fanfaronnade guerrière, la vanité traditionnelle et la poltronnerie
accoutumée. Il aurait pu avaler le port de la Rochelle, il a
vaincu quatre cent mille Turcs ; son fer peuple l'autre monde ;
son arsenal n'est que vent. Il est aussi vieux que le soleil ; il
peut prendre la taille qu'il lui plaît ; il est petit dans les villes à
cause des maisons. Outre ses bravaches militaires le Capitan
s'imagine que toutes les femmes l'aiment ; une larme féminine
dompte ce dompteur, cependant il s'est lavé les genoux de pleurs
de reines qu'il n'a pu aimer. Il est couard comme tout bon
Matamore ; il se sent un glaçon au cœur quand Placide le défie.

Avec tout cela il est des plus faciles à duper. Il termine la pièce par l'inévitable rosserie de tous ceux de son espèce. Matamore est servi par Artotrogue, qui n'est qu'un filou, car Mareschal n'a jamais mis en scène un parasite—serait-ce qu'il vivait lui-même aux crocs des grands?—Artotrogue n'est qu'un lâche, qui dénonce bien bas les mensonges de son maître. Il paraît que la peur est contagieuse chez le Capitan, car son autre serviteur Scélèdre tremble tant que

> Tout le corps lui fremit, il frisonne en cadence. (II, 3)

C'est une trouvaille de Mareschal que ces vers de ce valet:

> Encore le gibet, c'est mon sort le plus beau
> Ie sçay que Montfaucon doit estre mon tombeau
> Il sert de monument à toute nôtre race
> Pere, ayeul, frere y sont, i'auray la même grâce.

Il n'est pas étonnant que parmi des gens de cette trempe, Palestrion n'ait aucun scrupule à user de ruse. Lui est le valet intelligent qui forme et exécute les plans. Son adresse éclate d'autant plus que le poète lui confie tout le rouage de son dénouement.

Dans la maison d'à côté se loge Périmène, bon bourgeois de Paris, riche d'argent et de cœur, homme de son siècle, mais exempt de tous ses vices. Il n'a que les cheveux d'un vieillard. Il rit et sait quand il faut parler et se taire; en outre il sait vivre et aider ses amis. C'est le parfait type d'homme heureux tel que le conçoivent Plaute, l'Anonyme et Mareschal. Il n'a pas de femme, pas d'enfants et vit en pleine liberté. Les bienséances ont obligé la courtisane de Plaute à devenir la nièce de ce bourgeois.[19] Cette coquette parisienne de 1637 sait prendre un amant, elle a l'œil, riant, le teint vif; son ardeur promet. Sa suivante est vive, rusée, intelligente et bonne actrice.

Restent les amoureux. Au nom des bienséances on respecte la vertu de Phylozie, que le Capitan veut épouser et que Placide épousera. Fine, elle captive le Matamore et joue bien la comédie. Avec Placide elle est l'amante du temps, adore le beau langage et permet des privautés—préoccupation continuelle de

---

[19] Rotrou dans les *Ménechmes* avait déjà substitué une veuve respectable à une courtisane.

Mareschal. Placide est un amant de son époque, qui se désespère loin de la bien-aimée, se plaint et pleure. Il laisse agir Palestrion quand son soleil paraît et il gémit:

> A peine ay-ie eu le temps de voir et d'espérer
> Qu'il faut n'espérer plus et touiours soûpirer.  (II, 1)

Les moyens comiques qu'emploie Mareschal sont ceux de la farce et de la comédie. Le comique physique joue un grand rôle; les coups de bâton pleuvent; le Matamore s'allonge sur la scène, se hausse, se tire, se démène, tremble de peur. On le déshabille à demi et quand il change de place:

> Il s'ébranle en marchant et tout son corps chemine. (I, 1)

Le burlesque offre à Mareschal un terrain fertile. La Bible est usitée, car, selon le Capitan, le Ciel fit le déluge pour l'implorer (I, 1), la tour de Babel faisait moins d'ombre que son corps (I, 2), et il mit aussi Caïn et Samson en liberté. La mythologie et l'histoire ancienne sont mises à contribution; au temps des Sabiens Matamore aurait enlevé cent femmes au lieu d'une; Olympe est sa tête; autour de lui, il se trouve plus de " mestres de camp que devant Troie " (IV, 1). Mareschal parodie Corneille en ces paroles de Phylozie:

> Pleurez, pleurez mes yeux, lachez toutes vos bondes
> Le perdant, perdez tout, et noyez mille mondes.  (V, 2)

Mareschal fait aussi la satire des femmes, des amants, des enfants de son siècle de fer et va jusqu'à sermonner les valets quand Périmène fait le portrait du parfait domestique:

> Scélédre, apprends de moy ce bon enseignement
> De tenir en servant, mains, veuë, et bouches closes
> D'ouir sans écouter, voir sans voir toutes choses,
> Ce qu'on sçait l'ignorer, & se taire à propos
> Voilà ce qui peut mettre vn valet en repos.

Mais c'est surtout par le ridicule dont il couvre son faux brave que Mareschal excitait le rire de ses contemporains. Toute la gloriole possible se trouve aux lèvres de ce Gascon. Ses victoires et ses victimes sans nombre soit à la guerre soit en amour sont d'une exagération incomparable. Voici comment le valet de Matamore raconte une partie de ses triomphes sur les hommes:

>           Cent Mores en Anjou,
>       Quatre mille Indiens dans le fond de Poitou,
>       Six mille Polonais sur les bords de Champagne,
>       Douze mille Persans dans la basse Allemagne;
>       Dedans l'Isle de France onze mille Chinois,
>       Dedans celle de Ré vingt mille Japonois,
>       Et trente mille Turcs dedans la Picardie
>       Sont morts en un seul iour de vostre main hardie.   (I, 2)

Et alors Matamore lui-même fait le récit à la même scène du carnage qu'il déchaîna parmi les animaux :

>       J'étouffay d'vn reuers mille Elephans en Grece
>       De serpents en Sycile onze cens millions.
>       I'étranglay dessus mer deux cents mille lions;
>       I'écrasay presque autant de baleines sur terre,
>       En France de Chameaux, de Loups en Angleterre.

La description de l'arsenal du Capitan met Mareschal à part parmi ceux qui ont utilisé aux théâtre des énumérations d'armes. Le Rodomont de Turnèbe (1584) ne cite pas moins de dix façons de combattre à la troisième scène du premier acte.[20]   Le Tuetout de Jobé offre trente-sept moyens de faire périr les gens dans *le Batteau de Bouille*,[21] pièce de 1693 selon Fournel.   Le Mome de la *Chute de Phaéton* de Jean-Baptiste L'Hermite, pièce de 1639 d'après M. Bernardin,[22] emploie trente-cinq moyens d'exterminer les hommes selon les vers cités ailleurs par le même M. Bernardin.[23]   Quitterie dans *le Gouvernement de Sancho Pansa* énumère vingt armes; Bouscal publia cette œuvre en 1642.[24] Le Matamore de *l'Illusion comique*,[25] œuvre qui dans la préface du *Railleur* est déclarée comme antérieure au Capitan, ne se sert pas d'armes mais de parties de maisons pour produire le même effet.[26]   Mareschal les dépasse tous; qu'il nous soit donc permis

[20] *Les Contens, le Théâtre français au XVIe et au XVII siècle,* Edouard Fournier.

[21] Fournel, *Petites Comédies rares et curieuses du XVIIe siècle.*

[22] *Tristan l'Hermite,* p. 205, Paris, 1895.

[23] *Hommes et Mœurs au XVIIe siècle,* p. 198, Paris, 1900.

[24] E-J. Crooks, *Cervantes in France,* p. 123, thèse de l'Université Johns Hopkins, Baltimore.

[25] *Œuvres* de Corneille, II, p. 423, Paris, 1862.

[26] *Illusion comique,* III, 4.

la longue citation qui suit.  Matamore envoie son valet dresser
l'inventaire de son arsenal :

> Tu· trouueras mousquets, iavelots, picques, dards,
> Lances, cercles à feu, pots, grenades, petards,
> Arquebuses, fusils, mouquetons, carabines,
> Breteüils, berches, coursiers, fauconneaux, couleurines,
> Hallebardes, estocs, coutelas, pistolets,
> Sabres, bombes, pierriers, orgues, mèche, boulets,
> Bâles, cloux, fourniments, bandollieres, fourchettes,
> Chaines, carreaux d'acier, dez de cuivre, baguettes,
> Charges, béches, mortiers, crochets, eschelles, pieux
> Haches, péles, hoyaux, hanicroches, épieux
> Catulpes, distillets, escoupettes, massuës,
> Rasoirs, poinsons, poignards, bayonnettes, tortuës,
> Scorpions, brindestocs, dagues, brettes, coûteaux,
> Espadons, brandaciers, masses d'armes, marteaux
> Quoy plus?

Palestrion —          Des dents de Loups, et des Machoires d'asne.

Matamore — Fleaux, bâtons à deux bouts, arcs, fléches, pertuisanes
> Bourguignotes, brassarts, salades, halecrets,
> Casques, plastrons, cuissots, morions, follerets,
> Cottes de maille, armets, corcelets, épaulettes,
> Ecus, targues, pavois, boucliers, moignons, tassettes,
> Cuirasses, gorgerins, manoples, gantelets,
> Rudelles, aubergeons, rudaches, mantelets
> Et mille autres encor dont ie perds la mémoire,
> Monuments glorieux d'une insigne victoire.

Palestrion — Qu'il se donne beau jeu! tout cela n'est que vent.

Matamore — Il faut ranger à part six flèches de Levant
> Dix lames de Damas, d'Afrique, vne Zagaye,
> Cent canons de Forests, vingt picques de Byscaye
> Deux Cimeteres Turcs, les armes d'vn Soudan
> Des Mousquetons Liegeois, des rouets de Sedan,
> Vn Pistollet de Reytre, un autre à la Valonne
> Le Coutelas de Mars, la hache de Belonne
> Le Sabre de Galas, celuy de Iean de Verth.[27]      (IV, 1)

Une étude du *Véritable Capitan* n'a pas besoin d'autre conclusion.

---

[27] Qui désirera se renseigner sur la nature de toutes ces armes et
armures pourra, en général, les trouver soit dans *Larousse* soit dans
*Armes et Armures* d'Auguste Demmin que nous avons dû consulter dans
la traduction de C. C. Black, Londres, 1877.  Quant aux autres, on
retrouvera dans Lacurne, "brandaciers," dans Cotgrave, "manoples,
rondaces et rudaches."   M. Lancaster a retrouvé "rudaches" dans
*Mahelot*, p. 94, n. 1.  Cotgrave traduit "rondelle" par "buckler" et
"rondace," "great buckler," "distillets" ne se retrouve nulle part;
Mareschal a voulu dire sans doute un double stylet.

Il est à noter que Mareschal s'est essayé à trois genres de comédie. Avide de succès immédiat, il n'a pas continué dans la voie que sa meilleure comédie lui offrait, la comédie de caractère qu'est *l'Inconstance d'Hylas.* Il a voulu plaire par la variété et, après avoir fait la comédie de mœurs que l'on retrouve dans *le Railleur,* il n'a pas hésité à descendre jusqu'à la comédie d'intrigue qu'est *le Capitan,* car il aspirait avant tout à plaire au gros public. Cependant avoir réussi à composer une comédie de caractère vers 1630 est un mérite considérable.

# CHAPITRE IV

## Tragi-Comédie et Tragédies Conformes aux Règles

Dans ce chapitre nous avons réuni les pièces sérieuses, une tragi-comédie et deux tragédies, dans lesquelles Mareschal a observé les unités. Bien qu'il se soit rallié aux unités dans la comédie dès le *Railleur*, il est à noter que pour d'autres genres il a hésité davantage. Tandis que la *Cour Bergère*, qui est sans doute de 1639, n'observe aucune unité, *le Mausolée*, qui fut écrit selon Mareschal dès 1636, dénote un effort visible pour se ranger du côté des doctes. Toutefois Mareschal garda la pièce dans ses papiers quatre ans avant de la faire jouer. Avide de plaire au public plutôt que d'agir à sa guise, il a hésité longtemps avant de faire représenter une pièce régulière ; devant le succès des pièces dans les règles, Mareschal s'est sans doute résolu à faire jouer cette tragi-comédie dans les unités et après cette œuvre il n'a fait que des tragédies régulières, *le Jugement équitable de Charles le Hardi* et *le Dictateur romain*.

*Le Mauzolée / Tragi-comedie / par A. Mareschal / A Paris chez Toussainct Qvinet, au Palais / dans la petite salle, sous la montée de la Cour des Aydes / M. DC. XLII.*

Le privilège est du 23 décembre 1641, l'achevé du dernier de mars 1642. Dans son avertissement au lecteur, Mareschal annonce que cette pièce a été composée six ans plus tôt, il ne veut pas parler de la " nonchalance " qu'il a eue " à produire et faire connoistre cette pièce, qui n'a pris son éclat par la Troupe Royale en son hôtel [c'est-à-dire l'Hôtel de Bourgogne] que quatre ans après sa naissance." Il ajoute que la même paresse l'amène à la donner imprimée " près de deux ans depuis qu'elle est sur le théâtre." L'auteur marque le laps de temps car il craint que le lecteur ne puisse croire qu'il ait emprunté " quelques incidents, que tu auras peut-estre lues presque pareils en d'autres pièces." Mareschal insiste qu'il n'a rien emprunté ; au contraire il se prévaut de l'antériorité de son œuvre, qui est " une Vieille qui pretend encore d'estre belle, sous des traits assez agréables et nouueaux, puis que d'autres plus jeunes les ont affectez et n'ont pas feint de les accomoder à leur jeunesse et de se les approprier."

Nous regrettons de n'avoir pu découvrir quelles étaient ces autres pièces de l'époque qui préoccupent Mareschal. Citons, pourtant, un vers du héros qui proclame sa témérité ainsi :

D'oser bien vous aymer, et ne pouvoir vous plaire. (II, 2)

C'est l'idée maîtresse de *l'Alcyonée* de du Ryer.[1]

L'œuvre est dédiée à Monsieur de Montauron.[2] Mareschal lui adresse un Tombeau, car il est la huitième merveille du monde. Le poète semble craindre de ne pas voir accepter son *Mausolée*, il flatte la vanité du personnage "le plus riche, le plus magnifique, le plus liberal du monde." " Qu'un autre, ajoute-t-il, vous admire liberal, courtois, prudent, adroit, pompeux, et dans toutes les vertus plus douces, qui vous font aymer generalement et de l'vn et de l'autre sexe, ce n'est que comme genereux que ie vous considère icy." Et ce n'est pas tout, car Mareschal se répète en un sonnet dédié au grand financier.

Pour sa première tragi-comédie à cadre classique, Mareschal a choisi un sujet dont le titre montre encore une fois sa prédilection pour le romanesque. La pièce est construite autour d'un tombeau bâti par une veuve inconsolable, mais ce monument ne sert qu'à décorer la scène. Le fait que la veuve boit la cendre de son époux n'a aucune influence sur l'intrigue, mais le choix du Mausolée démontre encore une fois le sens pittoresque de Mareschal. Le dramaturge attribue à la femme et sœur de Mausolée les exploits de cette Artémise qui se distingua comme alliée de Xerxès,[3] puis il lui donne le talent militaire de cette autre Artémise, dont Vitruve[4] raconte les stratagèmes. A Démosthènes[5] Mareschal prend la politique de cette reine après la mort de son mari; à Aulu-Gelle[6] il emprunte l'élément romanesque car c'est cet auteur qui raconte que cette veuve buvait la cendre

---

[1] *Le Prince déguisé* (1635) montre un héros en guerre avec le père de sa bien-aimée. C'était un thème assez fréquent à l'époque; peu avant de Scudéry, Chabrol s'en était servi dans Orizelle (1633). M. Lancaster en cite d'autres en son étude de la pièce, *op. cit.*

[2] C'est ce Montauron à qui Corneille dédia *Cinna*. Tallemant des Réaux lui consacre toute une *Historiette*, VI, pp. 212-239.

[3] *Herodotus*, London, 1922, VII, 99; VIII, 68, 87.

[4] *Les dix livres de Vitruve*, Paris, 1684, II, 8, p. 47.

[5] *On the Liberty of the Rhodians*, London, 1876, pp. 193, 196.

[6] *Attic Nights of Aulus Gellius*, London, MDCCXCV, vol. II, p. 240.

de son époux. Diodore[7] raconte qu'Artémise ne pleura son mari que deux ans avant de mourir, mais Cicéron[8] dit qu'elle passa ses jours dans le chagrin et se mina la santé. Mareschal suivit Cicéron et sa pièce se passe douze ans après la mort du mari. Il dote Artémise d'une fille, bien que Strabon[9] dise qu'elle n'eut pas d'enfant. C'est cette fille qui permet à Mareschal de broder son histoire d'amour extraordinaire, d'amitié profonde, le tout mêlé de chaînes, de portes dérobées, d'assauts et combats, mais cette fois-ci les luttes sont racontées au lieu d'être mises en scène.

Artémise, l'inconsolable veuve de Mausolée, est assiégée par Cénomant, qui demande la main de sa fille Doralie. Artémise offre Doralie à Alcandre, son vaillant général, qui aime cette jeune fille, mais celle-ci ne saurait épouser qu'un roi. Elle hait Cénomant aussi et se propose de le faire tuer quand il viendra lui déclarer son amour par un sentier caché. Ce héros ne combat que pour posséder la bien-aimée; celle-ci ne tarde pas à reconnaître en lui un agréable ennemi. Peu après Cénomant sauve la vie du jeune Céobante, neveu favori d'Artémise et obtient son amitié. Assauts furieux, rendez-vous mystérieux, guet-apens subtils s'ensuivent; finalement les pleurs de Doralie, les menaces de Céobante, les explications d'Alcandre ébranlent Artémise; Cénomant se jette aux pieds de la reine et tout s'arrange.

*Le Mausolée* observe rigoureusement l'unité de temps. Mareschal veut le faire savoir, car sa pièce commence avec " le soleil naissant," paroles mises aux lèvres d'Artémise et clôt avec ce vers du même personnage:

> Tant de travaux finis avecque la iournée,

bien que Cénomant ait déjà dit à la même scène " ô miracles d'un iour." Les actes sont étroitement liés entre eux, il ne faut que le temps d'aller du camp des assiégants au fort des assiégés. Or, comme Cénomant fait cette promenade trois fois entre deux soleils, la distance ne saurait être grande. Les actes ne demandent que le temps de la représentation, car Mareschal a le soin de lier les scènes de façon que pas une minute n'échappe. Ses liaisons sauf deux sont de présence, celles qui étaient chères à l'abbé d'Aubignac.[10] Entre les cinquième et sixième scènes du troisième

---

[7] *Diodori Siculi*, Parisis, MDCCCXLIV, Lib. XVI, 36.

[8] *Tusculanæ disputationes*, III, 31.

[9] *Strabonis Geographica*, Lib. XIV, ii, 656, Parisis, MDCCCLIII.

[10] D'Aubignac, *Pratique du Théâtre*, I, p. 225.

acte il y a une liason de vue. Comme elle est préparée et juste,
nous croyons qu'elle aurait été admise par le plus rigide
critique. Au quatrième acte, à la troisième scène, Alcandre se
cache dans un cabinet où Mareschal lui donne un aparté à la
scène suivante, évidemment pour préserver la liaison de scène.
De même, l'unité de lieu est respectée grâce à un effort visible.
Mareschal nous annonce que "la scène est dans le Mauzolée en
Carie" et se sert d'une toile où est représentée en perspective la
pyramide de cet édifice. Cette toile s'ouvre et révèle au besoin
le tombeau même du roi.

Pour obtenir l'unité d'action Mareschal s'efforce d'étudier
Artémise, veuve inconsolable mais jadis guerrière énergique.
Elle a tant pleuré qu'elle est devenue passive, sauf quand Mareschal a besoin de la faire agir. Mareschal a voulu étudier cette
passivité, mais il a dû introduire autre chose pour faire cinq
actes; de là les amours de Doralie et de Cénomant. De là un
certain manque d'unité, mais on sent qu'il y a une idée majeure;
il faut faire sortir cette reine de sa douleur, malgré son chagrin
formidable. Mareschal, friand de fables romanesques, s'est
perdu dans les luttes de la fille au lieu de serrer de près son
problème, voilà pourquoi l'unité d'action souffre. On sent que
la rivalité d'Alcandre et de Cénomant pour la main de Doralie
et que l'amitié de Cénobante et de Cénomant sont des éléments
qui détruisent l'unité psychologique du problème posé par le titre
même de la pièce.

Aux côtés d'Artémise, Mareschal dispose ses personnages, sa
fille, son neveu, son général, son ennemi et futur gendre. Cette
reine au deuil profond ne se croit plus de ce monde; elle garde
le souvenir d'un mari jusqu'à l'adoration; sa seule joie est cette
satisfaction morbide de boire la cendre de son époux; son seul
souci est de défendre son tombeau. Mareschal lui a laissé son
caractère tel que l'histoire le fournissait. Ce personnage léthar-
gique ne possède que peu de possibilités dramatiques, surtout
quand l'auteur est fidèle à sa théorie que le spectateur a droit à
un dénouement heureux. Ce n'est qu'au quatrième acte
qu'Artémise retrouve un peu d'énergie, quand elle s'oppose au
mariage de sa fille et de son ennemi, mais bien vite les pleurs de
Cénomant la touchent et elle demande pardon à son époux d'avoir
même pu être distraite par la joie de sa fille.

A cette Artémise douloureuse et passive, Mareschal a attribué une fille de sa pure invention. Le choix de sa mère d'un époux n'est pas le sien. Elle veut être libre et cette altière princesse n'acceptera qu'un roi; les paroles d'amour de Cénomant la brûlent; une fois persuadée qu'il ne fait la guerre à ses propres sujets qu'à cause d'amour pour elle, elle trahira parents, patrie et gloire pour ce " cher amant ennemy " et dès ce moment elle est une amante énergique qui sait gagner du temps pour protéger l'aimé, qui utilise tous les moyens de le sauver.

Céobante, le neveu d'Artémise, que celle-ci aime comme un fils, est très jeune. Il est courageux au combat, mais une fois gagné à la cause de Cénomant par sa générosité, il le défend avec éloquence, au besoin avec les armes, même contre sa reine et bienfaitrice. Alcandre, le général d'Artémise, est la valeur même; on lui offre Doralie en mariage comme prix de la victoire et il est prêt à dompter mille rois, mais plus fort que son intérêt personnel est l'intérêt de l'Etat, la patrie demande le mariage de sa bien-aimée à un autre et il va jusqu'à l'offrir à son rival. Cénomant est un parfait amant, hardi, jeune, valeureux, courtois; il ne fait la guerre que par amour. " Ce puissant Dieu de Thrace qui a la grâce d'Achille," pour se servir des paroles de Doralie, a aussi la ressource des larmes; il obtient son triomphe en sachant pleurer devant l'éternelle pleureuse Artémise, quoique ce soit la première fois qu'il peut crier:

O belle eau triomphante! ô glorieuses larmes!   (V, 6)

C'est à un personnage de basse extraction que Mareschal confie le ressort dramatique qui meut la moitié de sa pièce. Hypérie, esclave d'Alcandre et confidente de Doralie, pour obtenir sa liberté, servira son maître et trahira celle qui la juge digne de confiance. Elle joue l'hypocrite, mais elle est fière de sa subtilité et se vante de sa trahison, qui lui vaudra sa liberté; elle sert Alcandre, mais accepte un diamant de Cénomant. Au moment de trahir Doralie, elle a des remords bien courts et à la fin elle montre son repentir en portant témoignage à la vertu des amours de sa maîtresse. Lyzidan, sur qui se repose aussi Doralie, est noble et sait garder foi et fidélité; son obéissance résiste à toute épreuve.

Le ton de la pièce est élevé. Tout est sérieux, car nul élément comique ne paraît. Aux lois de la bienséance, Mareschal a sacrifié sang, morts et combats; il ne reste que la courte lutte de Cénomant au moment de son arrestation et le bruit du combat

qui s'entend à la fin de la deuxième scène du second acte.
Mareschal fait faire ses récits à la façon classique. Il fait
l'exposition dès la première scène et à la scène suivante Doralie
raconte ce qu'il reste à savoir à Lyzante, nouvel arrivé. Au
troisième acte le combat est décrit par Alcandre, qui y a pris part,
à Artémise et Doralie, qui sont directement intéressées. Mareschal subit la règle des récits, en plus il divise sa matière soi-
gneusement afin de remplir chacun de ses actes en mesure égale.
Ses monologues sont raccourcis et tout le lyrisme en a disparu,
les personnages y font connaître leurs problèmes et leurs luttes
intérieures au lieu de chanter leur douleur ou la nature. Comme
les réguliers, Mareschal offre une scène de débat. Céobante et
Alcandre se livrent à des arguments au sujet de Cénomant, afin
de convaincre Artémise de la raison de leur attitude.

Quelques défauts restent à noter. La scène trois du deuxième
acte est absolument inutile : Hypérie se cache pour entendre ce
que Doralie lui apprend à la sixième scène du même acte.
Mareschal, qui a gardé Lyzidan muet en cette scène, aurait pu
lui faire dire un mot pour conserver la liaison. Il n'a nulle
intention de mettre de la couleur locale dans son œuvre ; mais
on peut noter en passant ce Grec armé d'une canne-poignard et
dont le drapeau porte pour devise cet alexandrin :

> Ennemy seulement pour avoir trop d'amour.      (IV, 2)

Ce vers rappelle la préciosité accoutumée de Mareschal dont voici
un autre exemple :

> Le bruit, les coups, les morts, et le sang où l'on nage
> Représentent sur terre, vn furieux naufrage.      (III, 1)

*Le / Jugement / Equitable de Charles / le Hardy / Dernier Duc / de
Bovrgogne / Tragedie / A Paris / Chez Toussainct Qvinet, au Palais /
sous la montée de la Cour des Aydes. / M. DC. XLV (Avec P.)*

Le privilège est du 25 avril 1645, l'achevé du 27 mai 1645.
La pièce n'a rien qui la précède sauf la dédicace au comte de
Ransau, maréchal de France. Le poète y débite les compliments
d'usage et ne dit rien de son œuvre.

La base de l'œuvre a été étudiée à fond par M. H. C. Lancaster.[11] Voici le résumé de cette étude. Claude Rouillet écrivit

---

[11] *Studies in honor of A. Marshall Elliot*, I, pp. 159-167, s. d.
Baltimore. Voir aussi son *History of French Dramatic Literature of
the Seventeenth Century.*

en 1556 une *Philanire* qu'il refit en français en 1571 sous le titre
de *Philanire, femme d'Hypolite*. L'argument de cette pièce nous
montre une femme qui, pour sauver son époux, accorde au prévôt
une nuit; le lendemain elle ne reçoit que le cadavre de son
mari. Ayant porté plainte au gouverneur, celui-ci, pour lui
garantir l'honneur, force le prévôt à l'épouser, puis le fait décapi-
ter. Goulart de même cite une autre version, d'après laquelle
l'événement se serait passé en 1547, mais toujours dans le nord
de l'Italie; Pierre Mathieu (1610), et John Cooke (1646) y
apportèrent quelques changements de détails. Cinthio (1565)
raconte une histoire semblable où la femme se trouve la sœur du
mort et l'empereur le justicier. Il y a aussi d'autres histoires de
ce genre. Quant à Charles le Téméraire, Renier Snoy ou Snoius,
qui écrivit peu de temps après la mort de Charles, raconte que
celui-ci condamna un rapt en ordonnant que le coupable épousât
la jeune fille ou qu'il lui donnât la moitié de ses biens et que sur
son refus, Charles le fit exécuter. Jacque Meyer, qui mourut en
1552, dit que Charles fit mettre à mort un de ses officiers qui
avait violé la femme d'un bourgeois de Liége, mais il n'est nulle
question de mariage. C'est Pontus Heuteurus en 1584 qui
ajouta le nom de Charles à la version italienne. Il fut suivi de
Lipsius en 1605 et de Pierre Mathieu en 1610. M. Lancaster
croit que c'est à ce dernier que Mareschal doit la source de sa
pièce et il cite deux vers du *Jugement équitable* qui ne sont que
la transposition d'une phrase de Mathieu.

Mareschal a rejeté la fin de la pièce de Rouillet, s'il s'en est
servi, car il ne pouvait utiliser cette malheureuse qui pleure à
la fin également deux maris, un assassiné par l'autre, qui à son
tour a subi la peine de mort. De plus il dote Charles d'un fils
comme il a donné à Artémise une fille. Il rend aussi le problème
bien plus tragique en forçant un père à ordonner la décapitation
de son propre enfant. Mareschal a bien pu se servir de l'exemple
de Brutus [12] s'il n'a fait usage de celui d'Euarchus que lui fournissait *l'Arcadie* de Sidney qu'il venait d'utiliser pour sa *Cour
Bergère*. Le Continuateur de Sidney nous raconte [13] qu'Euarchus, père de Pyrocle et oncle de Musidore, les condamne à mort,
et, bien qu'il apprenne plus tard qu'ils sont de son propre sang,

[12] *Tite-Live*, II, 5.
[13] *L'Arcadie*, traduction de Baudouin, III, pp. 1002-1115.

il affirme sa décision, car pour lui son premier jugement est sacré
et le nom d'enfant ne saurait changer sa justice. Il préfère son
fils et son neveu à lui-même, mais il préfère la justice, parce que
Pyrocle son fils était accusé non seulement de la mort du roi,
mais d'avoir été trouvé dans le lit de la fille du monarque.
Euarchus pleurait et souffrait plus que ses victimes, mais, dans
le roman de Sidney, le roi que l'on croyait mort revint à la fin et
tout finit bien. Mareschal eut le bon goût de terminer sa pièce
artistement, l'ayant intitulée tragédie. Quelques années plus tôt
il n'aurait pas hésité de faire de ce sujet une tragi-comédie à
dénouement heureux.

M. Lancaster a accompagné son étude de sources d'une analyse
de la pièce, d'une étude des caractères et d'une critique de la
construction dramatique. Nous le suivrons forcément de près,
car il a saisi le sujet en son tout; nous espérons y ajouter
simplement quelques détails.

Rodolfe, favori de Charles, duc de Bourgogne, offre à Matilde de
sauver son mari accusé de trahison au prix de son honneur. Sous
prétexte de lui faire rencontrer son époux, Rodolfe entraîne la malheureuse femme dans une chambre voisine. Après une forte résistance
Matilde s'évanouit et l'arrivée de Frédégonde, tante de Rodolfe et supposée être sa mère, sauve la jeune femme, que Rodolfe feindra d'avoir
possédée afin de la rendre plus traitable. Matilde ameute la ville et
Rodolfe se résout à faire exécuter le mari afin de faire croire que la
femme pleure son mari et non son déshonneur. Charles survient et
promet de faire justice. Ferdinand, qui aime Matilde, accuse Rodolfe
d'un double crime, celui-ci se contredit et Charles se résout à condamner
celui qu'il aime. Frédégonde plaide la cause de Rodolfe, Charles
ordonne que son favori épouse Matilde sur l'heure afin de lui rendre
l'honneur. La jeune femme préférerait mourir mais la volonté de
Charles est inflexible. On sait bientôt qu'après le mariage il y aura
une tragédie où le bourreau et Rodolfe seront les principaux personnages. Frédégonde apprend à Charles que son favori est son propre
fils à lui. Au nom de la justice le duc de Bourgogne cède son enfant
à la mort, il pleure son jugement mais ne s'en repent point.

Mareschal devant le succès des pièces qui observaient les unités
s'est converti, car il annonce dès le début de sa pièce qu'elle ne
se passe que dans une salle du château. Il abandonne toutes
les théories chères à sa jeunesse et les actions en scène tant
vantées deviennent des récits purement réguliers. Le récit de la
confession de Rutile (IV, 1) est fait à Frédéric au moment de
son arrestation. Le récit de l'exécution de Rodolfe se fait par

morceaux comme dans *Horace*, Dionée en donne les préparatifs
à Ferdinand, qui aime Matilde; puis celle-ci vient annoncer que
Charles a accordé un délai; ensuite c'est le père lui-même qui
entend la fin de la mort tragique de son fils dont la tête s'en va
bondissant rejoindre celle de son cousin.

Le désir de Mareschal d'observer l'unité de lieu ajouté à sa
volonté d'obtenir l'unité d'action, amène d'étroites liaisons de
scènes. Au cinquième acte toutes les liaisons sont de présence;
aux autres actes, Mareschal agit de même sauf dans une scène
par acte; mais bien qu'il laisse la scène vide, à chaque occasion
la venue des personnages de la scène suivante est préparée.
Quant aux actes, entre les deux premiers il ne faut que le temps
nécessaire pour la mort d'Albert; à l'entr'acte suivant Frédégonde ne perd pas de temps pour venir plaider la cause de
Rodolfe aussitôt après le jugement de Charles. Entre le troisième et le quatrième acte, le mariage de Matilde et de Rodolfe a
lieu et Rutile avoue le complot. Au dernier acte Frédégonde a
l'entrevue demandée à la fin du quatrième. Mareschal s'efforce
donc à restreindre sa pièce entre deux soleils et tout son zèle se
porte à rendre l'action de la pièce aussi rapide que possible.
Charles a quitté le siège de Liége et " doit estre au camp de
retour aujourd'huy " (II, 1); à la troisième scène du quatrième
acte Charles veut " ce iour tout conduire à sa fin."

Mareschal observe l'unité d'action presqu'aussi rigoureusement.
Son exposition qui se termine à la première scène du second acte,
nous fournit tout ce qu'il faut savoir pour l'étude du problème
psychologique dans l'âme de Charles. Ce jugement équitable,
qui surmonte la nature, fait toute la pièce et lui donne une concentration remarquable; le seul défaut est l'amour de Ferdinand
qui va jusqu'à demander la grâce de Rodolfe sur un simple
malentendu, mais il faut pardonner à Mareschal, car c'est le
dernier vestige de la règle fondamentale de ses théories. Il faut
que le spectateur emporte un peu de joie; il aura le mariage
probable de Matilde et de Ferdinand pour le consoler de tant de
souffrance!

La couleur locale de la pièce est des plus générales. Les personnages portent des noms de leur époque. Nous rencontrons à
part Charles le Téméraire, les noms de Louis XI, Liége, Mastric.
La pièce rappelle les guerres et les mœurs féodales. Mareschal
n'a pas même songé qu'il ne pouvait être question de jouer une

8

tragédie à l'époque du Téméraire de même qu'il a oublié que les cris de Matilde auraient dû être entendus par Ferdinand dans la salle prochaine.

M. Lancaster étudie le personnage de Charles. Il nous fait voir comment Chastellain et Comines peignent le côté non guerrier de Charles. Kirk, dit-il, nous le représente juste, réprimant le crime et ne faisant aucune exception, car Charles était "sage et discret de son parler, orné et compassé en ses raisons . . . parloit de grand sens . . . dur en opinion, mais prou'homme et juste, en conseil estoit aigu, subtil." [14] Mareschal nous fait voir en Charles un homme impétueux et téméraire, quittant Liége et Louis XI pour un jour. Il nous le fait voir en toute sa puissance féodale avec son désir d'obtenir l'immortalité, car il dit à Ferdinand :

> Que direz-vous plustôt, si mon intégrité
> Par luy me dresse vn Temple à la postérité?
> Si l'Vniuers vn iour, si mesme les theâtres
> Doivent de ma Iustice estre les Idolâtres?        (III, 2)

M. Lancaster constate que Mareschal a doté Charles d'un fils illégitime, bien que ce prince passât pour être chaste. Il nous cite le témoignage de Chastellain [15] qui nous apprend que le Téméraire vivait "plus chastement que communément les princes le font." Un seul fils illégitime attribué à un prince au temps de Mareschal ne saurait avoir ôté à Charles la renommée de vertu qu'il possédait, et puis, sans ce fils, que serait advenu de la tragédie? D'autre part, comme l'indique M. Lancaster, Mareschal n'a pas fait voir la vengeance exercée sur Liége, les luttes avec Louis XI, les guerres contre les Suisses. En fait, le portrait de Charles n'est pas complet dans cette tragédie, mais le sujet de Mareschal était le jugement équitable rendu par le duc de Bourgogne. D'autres événements auraient peut-être détruit cette rigoureuse unité d'action à laquelle aspirait notre poète. Dès que Charles paraît, il dit à Matilde :

> I'ay pitié de vos maux, ie vous rendray justice.

Voilà ce qui nous intéresse ; c'est pour remplir cette promesse que Charles lutte, malgré lui, contre tout, pour en arriver à son

---

[14] Kirk, *History of Charles the Bold*, London, 1864, I, 462, cité par M. Lancaster, Kirk suit Comines.

[15] *Panthéon litteraire*, p. 509.

jugement, qu'il résume, ainsi que son caractère, dans le dernier
vers de la pièce :

> Ciel! ie l'ay fait; i'en pleure, et ne m'en repens point.

Les autres personnages pâlissent à côté du duc, car, comme le
dit M. Lancaster, Mareschal se contente d'en faire des gens
quelconques. Rodolfe. est une brute qui se défend avec énergie
et qui ment impunément. Il n'éprouve que de la joie à l'idée
d'épouser Matilde et ne se préoccupe point de cette mystérieuse
tragédie qui se prépare. Le seul acte digne de sa vie est sa mort
en compagnie de son cousin et mauvais conseiller, qui lui aussi
sait mourir s'il n'a pas su vivre. Ferdinand est le parfait amant
qui aime en silence. Dionée le décrit dans un alexandrin :

> Et d'Amants et d'Amis, ô le parfait modele.    (I, 3)

Il obéit à tout le monde, que ce soit à Charles ou à Dionée.
Matilde aime son mari et lui est fidèle ; quand l'horrible choix
lui est imposé, elle choisit son honneur sans aucune hésitation.
Elle poursuit Rodolfe avec frénésie, mais avec intelligence. En
présence de Charles, elle le met sur ses gardes, en lui disant
qu'elle demande trop à son amitié, puis lui débite force compliments. Elle se montre bien femme au cinquième acte quand
elle demande la mort de Rodolfe à son père et ajoute qu'elle
n'ose l'obtenir. Frédégonde ne sait que demander avec énergie
la vie de Rodolfe ; elle emploie tous les moyens, les dramatiques
aussi bien que les stupides ; elle va jusqu'à demander à Charles
de conserver à Matilde son second époux. Dionée sait bien
écouter et c'est à peu près tout ce qu'elle fait sauf d'exprimer
dans ce vers une pensée de l'auteur :

> Qu'il faut souffrir d'affronts en Cour et chez les grands.    (I, 2)

Rutile, ancien domestique d'Albert, le trahit et meurt de remords.
Il sert aussi à montrer que Charles ne se servait pas de la torture.
Léopolde est un capitaine des gardes tout simplement.

Mareschal distribue bien sa matière parmi ses actes. Le
premier est consacré à l'exposition, l'arrestation d'Albert, l'offre
de Rodolfe et la prétendue séduction ; tout y est, rapide, vif,
bien fait ; pas de monologues. Au deuxième acte l'auditoire
apprend l'innocence positive d'Albert. Charles entre en scène,
examine l'affaire rapidement, clairement. Sa justice sera plus

forte que son amitié. Au troisième acte la lutte pour la vie et
la mort de Rodolfe se poursuit. Charles ordonne le mariage
de Matilde et de Rodolfe pour rendre l'honneur à la veuve
d'Albert. Il est sûr que son jugement équitable sera approuvé
et il annonce une mystérieuse tragédie. A l'acte suivant on
apprend l'aveu de Rutile. Frédéric accepte son supplice, la
tragédie a commencé, mais Charles a accordé un délai à Frédégonde, qui a des secrets importants à lui révéler. Au dernier
acte, Charles apprend que Rodolfe est son fils, mais la justice
triomphe de l'amour. Charles pleure, mais ne se repent pas
de ce qu'il a dû faire.

Le ton de la pièce est des plus élevés. Tout est sobre; nul
mélange du sérieux et du comique; les personnages sont tous de
la noblesse et le duc de Bourgogne a la puissance d'un roi.
Mareschal a rigoureusement observé les bienséances. Il a évité
la guerre et les morts, l'émeute et les exécutions. Le soi-disant
viol de Matilde est décrit de façon à faire apprendre aux spectateurs la vérité, quoique les acteurs ne la connaissent pas. C'est
d'une haute technique dramatique, surtout étant donné que
Mareschal avait su tirer de la situation tous les éléments possibles pour faire trembler d'angoisse son auditoire, lui laissant
croire au rapt de Matilde pendant quelques minutes. L'observation des bienséances a amené chez Mareschal la suppression de
cet attirail romanesque qu'il lui faut pour ses tragi-comédies;
de même l'observation des règles des unités l'a forcé à se restreindre à l'étude psychologique d'une lutte dans l'âme d'un
seul personnage. Mareschal a essayé les deux systèmes. La
supériorité du *Jugement équitable* sur *la Cour Bergère,* œuvres
faites à peu de temps d'intervalle montre clairement pourquoi
le triomphe du système régulier était assuré.

*Le Dictateur / Romain / Tragedie / Dediée à Monseigneur / le duc
d'Espernon / A Paris / Chez Toussainct Qvinet, au Palais / sous la
montée de la Cour des Aydes, 1646 / Auec P.*[16]

---

[16] In-4. La même année paraissait aussi une édition in-12. Il se trouve
aussi des exemplaires de 1647 et d'autres de 1648; ceux de 1648 ont
comme titre *Papyre / ou le Dictateur romain* et au verso on lit *Acteurs*
au lieu de *Personnages.* Toutes les éditions portent la même date du
privilège, le 19 février 1646, et l'achevé pour la première fois, le 28
avril 1646. M. Lancaster a étudié de près cette tragédie, *op. cit.*

Mareschal offre sa pièce à Bernard de Foix de la Valette, duc d'Épernon et le comble de louanges d'autant plus nécessaires que ce fils du favori d'Henri III était, selon Mgr. le duc d'Aumale " vicieux comme son père avec quelque chose de plus bas." [17] Mais " ce digne fils et digne successeur du plus grand homme que ce siècle puisse opposer à l'antiquité," selon Mareschal, maintenait à Bordeaux, ou dans les environs en cas de peste, une troupe de comédiens et la préface de Mareschal nous fournit un document de l'histoire de Molière en province. Nous y lisons que d'Épernon a accepté cette pièce pour la faire passer " en la bouche de ces Comédiens destinez seulement aux plaisirs de V. G.; et dont la Troupe que vous avez enrichie par des presents magnifiques autant que par *d'illustres Acteurs* se va rendre . . . celebre." Le privilège est du 19 février 1646 et la pièce dut certainement être jouée quelques mois plus tôt. Cela fait que c'est en 1645 que ces illustres acteurs ont dû entrer au service du gouverneur de Guyenne. M. Chardon a été le premier à signaler l'importance de cette préface [18] et d'y montrer que l'allusion était faite à Molière et à Madeleine Béjard qui, après la chute de *l'Illustre-Théâtre,* avaient passé avec les autres Béjard au service de l'ennemi de Richelieu, réintégré en ses prérogatifs en France après la mort du Cardinal. M. Chardon croit que Mareschal aurait bien pu avoir amené la fusion de la troupe de Dufresne avec celle des Béjard.[19] M. Chardon cite à l'appui les mémoires manuscrits de M. de Tralage cités par les Frères Parfaict pour indiquer que Molière jouait à Bordeaux dès 1645.[20] M. Gustave Michaut a examiné toute la question.[21] Les dates de 1644 ou 1645 attribuées aux notes de Tralage sont bien dans les manuscrits de l'auteur, comme le Bibliophile Jacob l'a correctement indiqué deux fois [22] après s'être trompé de date par étourderie à la page 224 de son *Iconographie.* M. Michaut étudie aussi la préface du *Josaphat* de Magnon qui fut dédié au

[17] Cité par M. Henri Chardon, *Nouveaux Documents sur les Comédiens de campagne et la vie de Molière,* Paris, 1886, p. 316.

[18] Chardon, *op. cit.,* p. 253 et seq.

[19] Chardon, *op. cit.,* p. 257, n. 1.

[20] *Histoire du Théâtre français,* Tome X, p. 74, note, Paris, 1747.

[21] *La Jeunesse de Molière,* Paris, 1922.

[22] *Iconographie Moliéresque,* p. 119; Notes et documents . . . extraits du Manuscrit de J.-N. du Tralage, p. 1.

même duc d'Épernon la même année. Dans cette pièce l'auteur parle de la protection donnée " à la plus malheureuse et à l'une des mieux méritantes comédiennes de France." M. Michaut dispose des explications erronées de cette phrase offertes par M. Balusse [23] et M. Loquin.[24] Il n'a du reste qu'à attribuer aux mots leur propre signification pour y voir tout simplement une allusion à la déconfiture récente de l'*Illustre-Théâtre* dans le mot "malheureuse." Donc nous acceptons les conclusions de M. Chardon vérifiées et approuvées par M. Michaut [25] avec témoignage à l'appui, *Papyre* a été joué par Molière et ses amis en province dès son départ de Paris. Dans cette pièce Mareschal subit fortement l'influence du succès des tragédies romaines de l'époque. La *Sophonisbe* de Mairet, *la mort de César* de Scudéry et surtout l'*Horace*, le *Cinna* et le *Pompée* de Corneille le firent puiser à des sources romaines. Il a pris sans doute entièrement à Tite-Live [26] le sujet de son *Dictateur Romain,* car Cicéron [27] et Diodore [28] ne lui offraient que le fait que Papyre fut dictateur et deux fois consul. Nous trouvons chez l'historien latin le fond de la tragédie. Papyre avec son caractère dominant, remplit, avec ses adversaires intolérants, les Fabie, huit chapitres. Toute la lutte entre le pouvoir absolu et la désobéissance victorieuse y est. Les démêlés devant le Sénat et le peuple, les débats oratoires, la révolte des soldats, les prières des tribuns du peuple pour le héros, les batailles contre les Samnites, les auspices défavorables, l'ordre formel de Papyre de ne pas combattre en son absence, tout se trouve dans *l'Histoire de Rome.* Mareschal y a pris la maladie de Camille, qui amène la dictature; il y a trouvé le nom de Comine, chef de la cavalerie romaine ainsi que les exemples héroïques de Manlie, Brute et Cincinnate. Les noms de lieux tels qu'Ortone et les Champs Pycéniens, que Tite-Live ne fournit pas en ces chapitres, Mareschal est allé

[23] *Molière inconnu*, I, 260-261.
[24] *Molière à Bordeaux*, II, p. 292, Paris, 1898.
[25] M. Michaut se sert d'une date des Frères Parfaict pour prouver que *Papyre* est de 1645. Il n'a pas besoin des Frères Parfaict, les dates de ces historiographes étant souvent sujettes à caution.
[26] Lib. VIII, 29-36.
[27] Cicéron *Epistolarium ad Familiares*, IX, 21.
[28] XVII, 29, 82.

les trouver dans d'autres.[29] Il a même utilisé un certain Valère, qui chez l'auteur romain est craintif et n'ose se battre de peur de ce qui est arrivé à Fabie, pour en faire le rival de Fabie et expliquer en partie la fureur de Papyre, qui croit vraiment que Fabie a failli perdre les combats.

Tite-Live offrait les éléments dramatiques de la pièce, mais les éléments tragiques qui s'y trouvent, de même que la disposition des matériaux, sont bien de Mareschal.  D'abord à son personnage principal, Papyre, il attribue l'amour de sa femme, de sa fille, de Fabie qu'il doit faire son gendre et qu'il aime comme un fils.  Le dictateur de Tite-Live n'a rien de ces luttes intérieures que doit subir le dictateur de la pièce française, qui doit faire son devoir malgré son amitié pour Fabie, malgré sa femme et sa fille, qui menacent de mourir elles-mêmes si Fabie est mis à mort.  Il en est de même chez Fabie fils.  Le Romain ne songe qu'à combattre Papyre, mais le Fabie français aime la fille du dictateur et ne saurait offenser son beau-père, de peur de perdre Papyrie; le père de Fabie, qui chez Tite-Live n'est que l'adversaire de Papyre, devient chez Mareschal le père de celui qu'il immolera pour le salut de Rome.  On voit donc que Mareschal a créé des luttes intérieures dans trois des personnages qu'il a pris à l'historien de Rome.  De personnages épiques il en a fait des personnages dramatiques en les dotant de ressorts tragiques.  Il a fait plus.  On sent chez l'auteur latin les ambitions personnelles en conflit.  Ce sont des individus qui luttent contre d'autres pour leur intérêt personnel.  Chez Mareschal, il y a unité dans tout cela, car toutes les luttes se font au nom de Rome, dont l'esprit héroïque domine la tragédie.  Tous les personnages se sacrifent à ce qu'ils jugent le bien de la Ville.  C'est ce que l'on voit surtout dans le cas de Fabie père.[30]  Celui-ci est l'ennemi de Papyre; fier, arrogant, il le combat et l'accuse d'égoïsme et de vanité.  Il lui arrachera son fils à tout prix, mais, quand toutes les ressources légales sont épuisées, quand

[29] III, 30; XXII, 9.

[30] Fabie était à la mode en ce moment car nous retrouvons dans *l'Art de regner ou le sage gouvernement* de Gillet de la Tessonerie, Paris, 1645, que tout le second acte est consacré à Fabie, qui est souverain au lieu de consul; de la Tessonerie veut enseigner d'une façon enfantine à Louis XIV, qui avait 5 ou 6 ans quand on a joué la pièce, la beauté de pardonner. Cf. M. Lancaster, *op. cit.*

Papyre triomphe par les lois, le seul moyen apparent de sauver
Fabie fils est la révolte. Quand l'émeute se produit et que la
guerre civile menace, ce père devient Romain et pour Rome il
est prêt à donner son fils unique, descendant de trois cents
Fabiens, afin que les lois restent souveraines.

Non seulement Mareschal a-t-il donné aux Romains de Tite-
Live des éléments tragiques, il a en plus disposé ses matériaux de
façon à faire dépendre toute l'action de sa pièce de la seule
volonté de Papyre. La désobéissance de Fabie est suivie d'un
arrêt qui oblige celui-ci à s'échapper du camp pour se sauver la
vie. Papyre le suit à Rome où le dictateur doit vaincre les suppli-
cations et les menaces de toute sa famille. Papyre poursuit Fabie
devant le Sénat, qui refuse de prendre la responsabilité de la
décision et passe l'affaire au peuple, qui à son tour remet tout
aux mains du dictateur: c'est à ce moment qu'a lieu la révolte
de l'armée, tandis que Tite-Live en fait le commencement de la
lutte entre Papyre et Fabie. L'émeute du peuple suit et ce n'est
qu'à la demande du tribun du peuple que Papyre donne à Rome
suppliante ce qu'elle demande. Mareschal termine comme Tite-
Live, mais, par un choix judicieux et un groupement bien agencé,
il a mené Papyre de lutte en lutte, lui réservant toujours le mot
qui prononcera du sort de Fabie. Le spectateur qui attend
pendant toute la pièce le salut du jeune héros victorieux ne
l'obtient qu'au dernier moment par la volonté de l'homme en qui
repose les destinées de tous les personnages. Voyons la trame
de cette pièce dont nous venons de faire ressortir la technique
dramatique.

Au cours d'une guerre Papyre devient dictateur. Papyrie, sa fille,
se réjouit de la victoire de Fabie, qui en l'absence de son père a vaincu
les Samnites, bien que le chef eût défendu à son lieutenant d'engager
l'ennemi. Fabie s'enfuit et arrive à Rome en triomphe, mais il est
suivi de près par Papyre, qui croit qu'il est de l'intérêt de Rome de
punir la désobéissance du jeune homme. Le Sénat refuse d'absoudre ou
de condamner Fabie et le renvoie au peuple, bien que Fabie ne se soit
point défendu contre le père de celle qu'il aime. Papyre hésite, mais
son affection blessée et sa venération des lois le forcent à poursuivre
Fabie, quoiqu'il lui dise de se défendre devant le peuple assemblé. Le
dictateur est soutenu par le peuple, mais l'armée se soulève pour le
vainqueur. Fabie père offre la vie de son fils pour préserver Rome du
crime de désobéissance, tandis que Papyre reste inébranlable, les menaces
de sa femme et de sa fille ne le touchant pas, car son amour des lois

est suprême.  Il faut que le tribun du peuple demande la grâce de
Fabie au nom de Rome repentante pour que Papyre cède et accepte
Fabie comme gendre.

Dans *Papyre* on sent bien l'effort voulu pour faire entrer la
pièce dans les unités.  Mareschal nous dit avant de commencer
que " la scène est au Palais du Consul Camille, dans une gallerie
qui donne sur le jardin."  Avec son amour du pittoresque,
l'auteur prend la peine de nous décrire son décor par deux
alexandrins mis aux lèvres de Papyrie:

> Ce bel ordre et si long de piliers et d'arcades
>
> . . . . . . . . . .
>
> Ce parterre de fleurs, ce iardin spacieux.  (I, 1)

Mareschal conserve son action dans ce même lieu; car, de rage
contre Fabie, Papyre a fait vœu de ne pas rentrer chez lui tant
que le jeune homme ne sera pas puni.  Mareschal utilise un
grand jour dans l'histoire de Rome, celui où est démontrée la
suprématie de ces lois qui devaient amener Rome à l'Empire.
Son action ne demande que quelques heures de plus que le temps
nécessaire pour jouer la pièce.  Toutes les scènes sont liées par
la présence d'un acteur sauf une, au quatrième acte, où, entre la
troisième scène et la quatrième, il y a une liaison de fuite con-
damnée par l'abbé d'Aubignac, qui avoue, cependant, que quelques modernes l'ont souvent employée.[31]  C'est surtout entre les
actes que le temps se passe.  Entre le premier et le second, la
Sénat a délibéré et a pris Fabie en sa garde.  A l'entr'acte
suivant il ne faut que quelques instants à Papyre pour arriver
à Rome, car sa venue en hâte est annoncée au deuxième acte.
Entre le troisième acte et le quatrième le Sénat a renvoyé l'affaire
au peuple; entre les deux derniers actes le peuple s'est assemblé,
mais n'a pas osé absoudre Fabie.  En réduisant sa pièce à la
décision du dictateur, Mareschal lui a donné une concentration
remarquable et nous sentons fortement l'unité d'action imposée
par l'auteur.  Toute la pièce dépend du oui ou du non de Papyre,
qui doit se prononcer sur la mort ou la vie de Fabie et, comme
ce qui domine ce personnage c'est l'intérêt de Rome, Mareschal
peut étendre cette unité à ses autres acteurs.  Aussi le consul
Camille, apôtre de la clémence, parle-t-il au nom de Rome, Fabie
père, qui offre son fils en holocauste ne le fait que pour Rome,

---

[31] *La Pratique du théâtre*, I, 225.

et Martian, *le deus ex machina* de la pièce, demande la vie de
Fabie au nom de Rome, ce qui permet à Papyre de pardonner
au nom de Rome. La description des batailles nuit à l'unité de
l'exposition. Valère, rival de Fabie, se décide à le trahir afin de
profiter soit de sa disgrâce soit de sa perte, mais il n'accomplit
rien sauf de faire croire que la victoire de Fabie a été incertaine.

C'est la Rome républicaine qui domine les personnages de la
pièce, la " Superbe Ville " qui doit accomplir sa destinée et
devenir reine du monde, la ville étudiée en ses enfants, qui possèdent les vertus et les défauts que l'histoire a attribués à l'époque
où le peuple était roi. Papyre, le dictateur, est l'incarnation du
Romain tel que l'ont conçu en général les modernes et le dix-
septième siècle en particulier. Le Dictateur veut commander ;
il est sévère en matière de discipline ; le plus grand des Romains
de son temps, Fabie l'offense doublement, premièrement par la
désobéissance, en suite par la gloire qu'il lui a ravie. Fon-
cièrement religieux, il ne pardonne pas l'irrévérence envers les
Dieux ; prompt à la colère, il devient violent et agit soudaine-
ment ; mais au-dessus de tout pour lui se placent les lois et
l'intérêt de Rome ; voilà ses véritables maîtresses et ses dieux.
Pour Rome, il sacrifiera tout, Fabie, sa propre famille, lui-même ;
il regrette de ne pas avoir un fils à immoler pour suivre l'exemple
de Brute. Il aime Fabie et sa fille, se sent surpris d'être ému
quand tous deux veulent mourir pour satisfaire à l'autorité
suprême. Il est juste pourtant, car, malgré son amitié blessée,
il commande à Fabie de se défendre contre lui. Il sait prendre
toute sa responsabilité. Le Sénat et le peuple refusent de
trancher la question et on sent que le dénouement heureux de
la pièce se fait dans l'intérêt de Rome, et non dans le but de
faire de la tragi-comédie. La vraisemblance demandait dans
cette pièce-ci un dénouement heureux, tel qu'il se trouve dans
Tite-Live.

Son adversaire Fabie, unique rejeton de trois cents Fabiens,
est gouverné par l'amour des honneurs et de la gloire. Jeune,
impétueux, vainqueur triomphant, il veut mourir de sa propre
main, de celle de son père, ou à l'ennemi, car il ne saurait en sa
fierté se soumettre au bourreau, mais Mareschal lui a mis au
cœur l'amour tel que le comprenait l'époque de Corneille. Pour
ne pas offenser le père de la bien-aimée, le formidable guerrier
de Tite-Live paraît sans orgueil au Sénat et ne dit mot pour se

défendre, car il ne craint nullement la mort, pourvu qu'il vive dans le cœur de Papyrie, bien qu'à l'occasion les yeux de celle-ci le fassent mourir. Il perdra la gloire et la vie plutôt que d'être séparé de la bien-aimée. Le père de Fabie est autrement intéressant que son fils, car il est tout Romain; adversaire ardent de Papyre, il le combat violemment; croyant que son fils demande grâce, il l'apostrophe sur le ton du vieil Horace de Corneille; il a été trois fois consul et dictateur et ne craint rien; mais que Rome se révolte contre les lois, pour lui éviter un remords il est prêt à se faire le sacrificateur de son fils unique. Les parents de Papyre sont unis contre lui; son beau-frère, Camille, qui l'a fait dictateur, regrette que la maladie l'empêche de servir Rome, mais c'est un philosophe à "vertu égale, parfaite et confirmée" qui croit que:

> Nostre vie est aux Dieux; le destin en dispose.   (III, 4)

Il se laisse toucher par la bravoure du fils de Fabie, qu'il se contente de défendre par la parole, en malade et en philosophe optimiste. Avec sa fille et sa femme, Papyre a de bien plus rudes démêlés, car toutes deux défendent Fabie jusqu'à vouloir mourir à la romaine, si Papyre l'exécute. La fille adore ce jeune homme. Bien que son père l'ait choisi pour gendre sans la consulter, elle voit en lui un parfait amant qu'elle décrit en un alexandrin:

> Vertu, devoir, respect, espoir, flame et langueur.   (I, 5)

Violente, emportée, cette pâle parente de l'Emilie de Corneille pousse des cris au Ciel, car il n'est pas en sa puissance de ne pas aimer Fabie. Fière, elle souffre de ce que Fabie ne se défend pas avec assez d'énergie contre son père; altière, elle croit le peuple faible et inconstant; découragée, elle n'espère que dans les dieux. Il faut le mensonge de son affranchie pour l'empêcher de se tuer quand elle croit Fabie perdu. Lucille, femme de Papyre, partage l'optimisme de son frère Camille, et croit que tout s'arrangera pour le mieux. Sans consulter Papyre elle apprend à sa fille ses fiançailles à Fabie. Mais après avoir promis d'apaiser Papyre, elle ne réussit point et alors elle annonce qu'elle mourra si sa fille meurt. Pour Fabie elle a recours aux dieux et elle va, en précieuse,

> . . . faire rougir en ce dernier ressort
> Les autels pour sa vie, ou les Dieux pour sa mort.   (IV, 1)

Les autres personnages de la pièce sont bien secondaires. Comine, le tribun militaire, devient l'ami de Fabie, mais à part l'offre de sa tête au dictateur, il n'est que le lointain représentant de l'amitié romanesque des tragi-comédies de la jeunesse de Mareschal. Martian, le tribun du peuple, se borne à être la voix de la populace romaine qui demande la vie de Fabie. Flavie, l'affranchie de Papyre, sait bien écouter. Valère est tout ce qui reste de ces anciens amants de Mareschal, qui ne s'arrêtaient devant rien pour gagner une jeune fille qui en aime un autre. Il fournit à Papyre une raison de plus de vouloir punir Fabie.

Le ton de la tragédie est sérieux, sobre et élevé ; les bienséances sont rigoureusement observées. La matière est bien distribuée entre les actes : le premier fournit l'exposition, fait savoir tout ce qu'il faut connaître ; l'action commence au second, Fabie, qui s'est échappé du camp, paraît à Rome, les amants s'entendent et se comprennent ; le troisième acte amène Papyre à la poursuite de Fabie, la lutte devient intense, le Sénat se prononce. A l'acte suivant le Sénat renvoie l'affaire au peuple, le combat entre Papyre et Fabie se poursuit. Au cinquième acte ont lieu la révolte de Rome et la décision finale. Les récits sont faits devant des personnes qui ont un intérêt vital à savoir ce qui est arrivé ; par exemple la désobéissance de Fabie est racontée par Camille à sa sœur et à sa nièce, qui traitent le jeune homme en fiancé, et les victoires de Fabie sont annoncées par un tribun militaire à Camille, à Lucille et à Papyrie.

En indiquant les sources de Mareschal nous avons montré tout ce qu'il avait emprunté à Tite-Live. Une certaine couleur locale évidente est obtenue de cette façon. Par sa conception des personnages de Papyre et de Fabie père, Mareschal ajoute le caractère romain à sa tragédie. Il introduit les grands noms de Brute, Manlie, Cincinnate, connus des auditoires de notre dramaturge, les auspices, les dieux défavorables, la vision de l'Aigle romain impatient de s'élancer vers la Grèce et vers l'Orient, car tout sert à Mareschal pour construire une pièce qu'il veut faire passer pour romaine. En avocat il s'intéresse à la lutte à Rome entre le pouvoir absolu et le peuple. Entre les deux il place le Sénat, indique la procédure judiciare qu'employaient les Romains et a soin de faire triompher le peuple par des voies légales, car il désire expliquer la grandeur à venir de Rome, que Papyre exprime en cet excellent alexandrin :

Qui veut bien commander doit scauvoir obeïr. (III, 1)

Il y a, pourtant, quelques négligences dans la couleur locale du *Dictateur romain*. Notons que Camille est un seigneur et Fabie un lieutenant-général.

En ce chapitre qui termine l'œuvre de Mareschal on voit le résultat de l'évolution dramatique d'un quart de siècle. L'auteur, avide de liberté et proclamateur de la théorie du bon plaisir, en est venu aux unités et à l'observation de toutes les règles des doctes. Les freins qu'il s'est imposés lui ont fait produire ses meilleures œuvres. En son cas, comme dans celui d'autres dramaturges de sa génération, l'art de savoir se borner l'a amené à de bons résultats ; de là le triomphe des célèbres règles, qui se sont imposées par leurs fruits.

# CHAPITRE V

Les idées de Mareschal offrent un intérêt particulier, surtout quand il s'agit de la fatalité et de l'amour. L'attaque contre les Dieux dès *la Chrysolite* proclame que l'antiquité n'est qu'une couleur et le lecteur n'a pas de difficulté à connaître la pensée de l'auteur au sujet de la divinité. Mareschal appartenait à la génération des libertins d'alors. Toute son œuvre de jeunesse, poésie, roman ou théâtre, est dirigée contre l'Eglise, mais avec le temps cette hostilité disparaît. L'amour aussi est le bien de ces Dieux implacables, car la Fatalité domine les humains et Vénus s'attache à sa proie. Chrysolite et l'Oronte de la *Sœur Valeureuse* en sont les types extrêmes, mais cette passion qui ne raisonne pas se retrouve un peu partout dans l'œuvre de Mareschal, dans *la Généreuse Allemande* aussi bien que dans les pièces de la fin de sa carrière dramatique, le *Jugement équitable*, voire même dans *le Dictateur romain*.

Cet amour fatal se heurte à la volonté paternelle. Au nom de l'amour, Mareschal élève vigoureusement la voix contre le pouvoir autoritaire que les lois accordent aux parents en matière de mariage et l'autorité que possèdent les pères de disposer de la liberté de leurs enfants. Il attaque l'Eglise, qui permet aux parents de se débarrasser de certaines de leurs filles afin de doter leurs sœurs. Cette vive protestation contre l'abus de l'autorité paternelle se retrouve dans les poésies de jeunesse, dans *la Chrysolite* surtout, dans *la Généreuse Allemande,* dans *l'Inconstance d'Hylas,* dans *le Mausolée,* jusqu'à dans *le Dictateur romain.*

Mareschal ne se borne pas à vouloir enseigner aux parents leur devoir envers leurs enfants. Il conçoit la littérature comme une chaire, et de diverses façons il fait de la prédication sociale. Son roman a été écrit dans ce but; son *Railleur* a la même intention; son théâtre est toujours sain et, bien qu'il ne fustige pas toujours directement les hommes et les mœurs, le bon exemple qu'il y offre est une école sûre. Il enseigne le respect à l'égard du monarque. Les rebelles sont condamnés. Les rois sont tout

CRITIQUE GÉNÉRALE        **127**

puissants, car dans *la Généreuse Allemande* on rend à un prince
battu ses états, tandis que dans *la Sœur Valeureuse* et *le
Mausolée* les rois disposent des pays. *Le Dictateur romain* est
l'apologie du pouvoir des lois. Les princes sont cléments ; l'Empereur d'Allemagne est du côté de la justice ; les rois de Thrace et
de Perse voient juste ; Papyre et surtout Charles de Bourgogne
font justice quoi qu'elle coûte. Toutefois la Cour chez Mareschal,
comme chez Du Ryer, est un lieu redoutable et dangereux, où
les petits doivent fermer les yeux, s'ils veulent parvenir. Mareschal proteste contre le duel et loue Charles le Téméraire de ce
qu'il n'emploie pas la torture.

Malgré cette crainte de la Cour, Mareschal a pris ses personnages généralement à la noblesse, et ceux-ci se conduisent en
gens honorables. S'ils ne le font pas dans la pièce, c'est par
raison dramatique et ils se repentent à la fin. Mareschal a donné
une large part à la bourgeoisie dans son œuvre, surtout dans son
roman, où il étale toute son admiration des avocats. Il admire
le bourgeois, l'honnête homme de Plaute, l'homme moyen qui
sait vivre, qui n'est pas parfait, mais qui est près de la nature,
comme on disait alors, mais Mareschal n'admire pas les prêtres.
Il attaque rudement les médecins dans *la Chrysolite* et dans *la
Généreuse Allemande*. Il est permis au peuple de paraître sur
la scène. Un geôlier, des pages, quelques citoyens, un Turc ont
leur mot à dire dans les œuvres de jeunesse.

Mareschal possédait une haute culture, révélée par l'étude de
ses sources. Il connaissait les littératures anciennes et la littérature italienne et il a puisé dans un roman anglais. *L'Inconstance
d'Hylas, la Cour Bergère, le Jugement équitable, le Capitan, le
Dictateur romain* ont des sources bien connues. Les trois premières pièces sont prises à l'histoire ou à la littérature modernes,
tandis que deux autres sont purement classiques. *La Chrysolite,
le Railleur, la Généreuse Allemande* sont empruntés à l'actualité,
*la Sœur Valeureuse* et *le Mausolée* ont des sources classiques.
Quant à leurs ressorts psychologiques, quant aux éléments
romanesques de ces deux pièces, on les retrouvera en abondance
dans les tragi-comédies françaises de l'époque de Mareschal. Ils
font partie du fond commun de la littérature dramatique du
temps. Ils s'en vont diminuant dans l'œuvre de Mareschal et
finissent par disparaître. Mareschal, il est à noter, n'a rien pris

directement à l'Espagne, mais à l'Italie il a pris la forme du *Railleur* et celle du *Portrait de la jeune Alcidiane*.

L'art dramatique de Mareschal représente une évolution qui est générale à son époque. Ce dramaturge est bien de son temps. Il a tâtonné, il s'est essayé, car il possède deux veines qu'il exploite côte à côte. Deux courants se retrouvent dans Mareschal, celui d'aventure, qui montre les amoureux, leurs difficultés, les étapes qu'ils ont à traverser avant d'arriver au bonheur; l'autre est le courant psychologique. *La Chrysolite* de bonne heure demande un intérêt réaliste; l'Aristandre de *la Généreuse Allemande* est français et folâtre; *l'Inconstance d'Hylas* donne le meilleur exemple de la méthode psychologique; *la Sœur Valeureuse* étudie l'inceste au milieu du romanesque; *le Railleur* suit la méthode réaliste; *le Capitan* a Paris pour cadre; *la Cour bergère* est purement romanesque; dans *le Mausolée* les deux courants se croisent et Mareschal termine sa carrière par deux œuvres réalistes et psychologiques, *le Jugement équitable* et *le Dictateur romain*. Cette transformation du romanesque au réalisme s'accompagne d'une concentration qui saute aux yeux. Les deux journées de *la Généreuse Allemande*, qui racontent tout, sont suivies de *la Sœur Valeureuse*, de *l'Inconstance d'Hylas*, de *la Cour Bergère*, du *Mausolée*, où l'exposition de ce qui est arrivé avant la pièce se fait avec bien moins de détails, tandis que, dans *le Jugement équitable* et dans *le Dictateur romain*, l'action est des plus concentrées. Il y a une évolution claire et sûre vers le classicisme dans l'œuvre dramatique de Mareschal.

Notons certains détails de son art dramatique, qui accompagne son développement vers un réalisme complet. Batailles, surprises, assassinats, déguisements, prisons disparaissent avec le temps et la violence physique n'apparaît plus. Les morts remplissent le théâtre de jeunesse de Mareschal, mais jamais la Mort, car Mareschal ne frappe jamais les amants à la fin de ses pièces. Sa doctrine du plaisir à fournir au spectateur assure un dénouement heureux sauf dans *le Jugement équitable* et là même Mareschal offre au parterre le mariage probable de l'héroïne et de l'ami fidèle. L'amour remplit les pièces de Mareschal. Camille poursuit son Aristandre, Oronte son frère; les amis inséparables pourchassent les deux filles du roi d'Arcadie; le prince ennemi fait la guerre pour les beaux yeux de la fille d'Artémise; la passion de Rodolfe amène sa perte aux mains de son père, le Téméraire. Ce n'est qu'à la fin de sa carrière que Mareschal offre des luttes entre l'amour et le devoir dans le cœur de ses principaux personnages. Dans *le Jugement équitable,* toute la pièce se limite à la lutte chez le duc de Bourgogne entre son amitié et son amour pour un fils et son devoir qu'il doit remplir comme justicier. Papyre, le dictateur romain, a le même problème. Le grand but de Mareschal est de plaire. Ce n'est que sous l'influence de Corneille qu'il essaie dans ses deux dernières pièces d'émouvoir par la pitié. Une dernière note : ses pièces ne sont jamais immorales. La vertu est récompensée et il n'y a guère de mots obscènes, même dans les comédies, bien que *le Railleur* mette en scène une courtisane.

\* \* \*

Mareschal est un auteur peu connu du dix-septième siècle ; nous espérons avoir pu établir par ce travail qu'il mérite d'être mieux apprécié. Il a droit, nous semble-t-il, à sa place dans l'histoire du théâtre français de 1625 à 1650, car il a non seulement joué son rôle dans le développement du genre, œuvre de toute la génération de 1630, mais il a apporté une contribution non négligeable, à la littérature du temps de Louis XIII.

Mareschal a joué un rôle dans l'évolution générale de la tragi-comédie à la tragédie régulière. Il a débuté comme ardent apôtre de toute liberté et il a terminé dans les règles. Avide d'applaudissements, il subit l'influence générale. Les hésitations et les tâtonnements de son œuvre indiquent qu'il n'a pas changé brusquement. C'était toute une littérature en travail alors dans laquelle Mareschal, partisan du bon plaisir de l'auteur, ennemi des règles, arrive graduellement à accepter la formule des doctes. De nulle unité dans *la Généreuse Allemande* Mareschal arrive par étapes aux unités absolues. Il se donne d'abord la liberté de mêler les genres et de violer les bienséances et il termine sa carrière par une rigoureuse séparation des genres et une sévère observation des bienséances. Ces changements amènent une conception unifiée, solide, concentrée dans l'art dramatique de Mareschal. Le fait demeure qu'il construit bien mieux une pièce régulière qu'une œuvre libre, voilà sans doute pourquoi il a fini par se conformer à ces fameuses règles qu'il avait attaquées avec véhémence.

Par un autre côté Mareschal travaille à l'œuvre commune de

9

sa génération, c'est par son amour de la psychologie. Il commence par étudier à fond l'inconstance dans ses poésies, son roman et son théâtre. Chrysolite et Hylas sont d'excellentes études de caractère. Ces personnages sont bien étudiés et Mareschal a droit, comme Tristan l'Hermite, au titre de précurseur de Racine, car il a fait sa part dans l'évolution psychologique de la littérature de son siècle ; peut-être serait-il arrivé à être quelqu'un, s'il n'était pas venu si tôt. N'ayant guère de modèle, il a aidé à préparer la voie, qu'il ait au moins un souvenir !

De plus, Mareschal a aidé à faire connaître Plaute aux spectateurs du dix-septième siècle. Tout comme Rotrou et plus tard Molière, il a joué un rôle dans le développement de la comédie de son temps, en adaptant une des pièces du comique latin. C'est une contribution à retenir. S'il a fait connaître Plaute, il a subi l'influence de son grand contemporain Corneille, car le succès des tragédies romaines de Corneille a visiblement influencé Mareschal, dont la dernière œuvre, le Dictateur romain, démontre profondément l'influence de Cinna, de Polyeucte et surtout d'Horace.

Mareschal par d'autres contributions d'un ordre plus particulier a droit à être mieux connu. Il a voulu donner à son œuvre un caractère national. La Chrysolite, l'Inconstance d'Hylas, le Railleur, le Capitan n'ont que des personnages français. Le héros de la Généreuse Allemande est français. Charles le Téméraire appartient à l'histoire de France. Ce n'est pas seulement par le caractère bien français de ses personnages que Mareschal se distingue, mais aussi par son choix de sujets contemporains. Il veut être de son temps, même quand il ne montre pas des coins de la France, de Paris surtout, il représente les mœurs de son temps, et met des canons dans la Sœur Valeureuse. Cette avidité de faire du contemporain le fait se saisir du roman de Sidney, qui a traversé la Manche, et Mareschal a droit, à côté de La Calprenède, à l'attention de ceux qui s'intéressent aux relations littéraires de la France et de l'Angleterre à cette époque. Il est à noter que Mareschal ne se sert jamais de l'Espagne, sauf quand il veut affubler son personnage de ridicule. Un capitan sera espagnol, mais ce sera tout.

Mareschal intéresse aussi par son côté pittoresque. Il débuta en littérature par un poème qui décrit Paris en fête. Dans la Généreuse Allemande c'est un beau parc et un magnifique château qui s'offrent aux yeux du spectateur. La maison du financier du *Railleur* est très ornée. Dans *le Mausolée* une toile montre la pyramide du monument et la scène se passe à l'intérieur de cette merveille du monde. *Le Dictateur romain* nous révèle un beau coup d'œil pour son unique décor.

On peut demander pour Mareschal une petite place dans l'histoire de la critique littéraire de son époque, car dans la poésie, dans le roman, au théâtre il proclame ses idées et doctrines littéraires avec énergie. Il élabore son système dramatique et explique les avantages du genre romanesque et libre. Il connaissait les anciens et les attaque, puis les adapte selon le goût de ses contemporains. Il apprécie la comédie italienne aussi bien que la poésie de Marin. Sa revendication du droit du poète de faire selon son inspiration et sa demande d'innover dans le roman lui donnent droit à être connu de ceux qui aspirent à étudier le romantisme de 1630. En tout cas la préface de *la Généreuse Allemande* est de beaucoup plus énergique que celle bien mieux connue d'Ogier pour *Tyr et Sidon*, de Schelandre.

Il y a deux autres raisons de faire sortir Mareschal de l'oubli. La première c'est qu'il a fait en 1630 une comédie de caractère. Son *Inconstance d'Hylas* fut la première comédie de ce genre au théâtre français. Nous en offrirons sous peu une édition critique. Le dernier titre de gloire de Mareschal a déjà été signalé par MM. Chardon et Michaut qui ont démontré qu'il touchait de près à Molière. Ce n'est pas un mince honneur d'avoir dressé l'acte de 1643 et d'avoir écrit une pièce pour d'illustres acteurs qui après avoir tenté fortune à Paris durent se réfugier en province. Ajoutons que *le Railleur* par son observation des mœurs, par son pessimisme, par sa scène du sonnet a pu servir à l'auteur du *Misanthrope* qu'affectionnait Mareschal quand ce grand génie était, lui, inconnu.

Un dernier mot. Nous nous réjouirons si cette étude peut faire accorder aux œuvres de Mareschal et à son nom un peu plus de place dans les histoires littéraires de la France du genre et du format de celle de MM. Bédier et Hazard. Nous réclamons pour lui que l'on cite la préface de *la Généreuse Allemande* à côté de celle de *Tyr et Sidon*, que l'on place son nom à côté de celui de Mairet et de bien d'autres qui ont travaillé à l'évolution du théâtre en France de 1625 à 1650, que l'on dise que comme Rotrou il a contribué à faire connaître Plaute en France au dix-septième siècle, que l'on fasse ressortir son goût du pittoresque à côté de la poésie colorée de du Ryer, que l'on n'oublie pas que *l'Inconstance d'Hylas* est une comédie de caractère de 1630, et que la psychologie de son roman est remarquable pour son époque. En un mot qu'on lui accorde la place qui lui revient dans la production littéraire de la génération qui était en pleine activité de 1625 à 1645.

# APPENDICE

## Les Œuvres de Mareschal

Les Fevx de Ioye de la France Sur l'Hevrevse Alliance d'Angleterre et la Descente des Dieux en France, Povr Honorer la Feste de Cette Alliance, *poésies*, imprimées en 1625, Paris, in-8°, chez Bertrand Martin.

Recveil des Plus Beaux vers de Messievrs de' Malherbe. Racan. Monfvron. Maynard. bois Robert. l'Estoille, Lingendes, Tovvant Motin, Mareschal et les Autres des Plus Fameux Esprits de la Cour. Le privilège de ce recueil est du 2 juin 1626. Il fut publié en 1627, Paris, in-8°, chez Toussainct du Bray. Les poésies de Mareschal qui y figurent furent écrites en 1625 et 1626.

La Chrysolite ov le Secret des Romans, *roman*, composé en 1626; le privilège est du 3 février 1627, l'achevé d'imprimer du livre n'est pas fourni; Paris in-8°, chez Toussainct du Bray; Paris, 1634, in-8°, chez Nicolas et Iean de la Coste.

La Generevse Allemande, le Triomphe d'Amour, *tragi-comédie*, jouée sans doute en 1629, privilège des deux journées du 1er septembre 1630, achevé d'imprimer du 18 novembre 1630, Paris, in-8°, chez Pierre Rocolet.

Avtres Œvvres Poetiques, *poésies*, composées de 1625 à 1630, la pagination fait suite à celle de la seconde journée de *la Généreuse Allemande* et il n'y a pas de privilège ou d'achevé particuliers. Paris, in-8°, chez Pierre Rocolet.

L'Inconstance d'Hylas, *tragi-comédie pastorale*, jouée probablement en 1630, peut-être en 1629. Privilège du 28 mars 1635, achevé d'imprimer du 3 juillet 1635; Paris, in-8°, chez François Targa.

La Sœur Valevrevse ov l'Avevgle Amante, *tragi-comédie*; la pièce a peut-être été écrite en 1633 et jouée cette même année ou l'année suivante. Il n'y a ni privilège ni achevé dans l'édition qui fut imprimé en 1634 et 1635, Paris, in-8°, chez Antoine de Sommaville.

Le Railleur ov la Satyre dv Temps, *comédie*, jouée probablement en 1635; privilège du 13 novembre 1637, achevé d'imprimer du 30 novembre 1637; Paris, in-4°, chez Toussainct Quinet, une édition de 1648 porte le titre: *les Railleries de la Cour ou les satires du temps*, Paris, in-4°; Fournel a publié cette comédie dans son *Théâtre français au XVIe et au XVIIe siècle*, pp. 349-372.

Le Mauzolee, *tragi-comédie*, composée en 1636, jouée en 1640; privilège du 23 décembre 1641, achevé d'imprimer du 31 mars 1642; Paris, in-4°, chez Toussainct Quinet.

Le Veritable Capitan Matamore ov le Fanfaron, *comédie*, presque finie en novembre 1637, jouée, sans doute, en 1638; privilège du

15 février 1639, achevé d'imprimer du 17 janvier 1640; Paris, in-4°; Soleinne cite une édition de Lyon de 1654. L'édition de Paris est de chez Toussainct Qvinet; celle de Lyon chez Claude la Rivière.

LA COUR BERGERE OV L'ARCADIE DE MESSIRE PHILIPPE SIDNEY, *tragi-comédie*, jouée probablement en 1639; privilège du 15 décembre 1639, achevé d'imprimer du 2 janvier 1640; Paris, in-4°, chez Toussainct Qvinet.

LE PORTRAIT DE LA IEVNE ALCIDIANE, *poème*, imprimé en 1641, Paris, in-4°, chez la Veuve Iean Camvsat.

LE JUGEMENT EQVITABLE DE CHARLES LE HARDY DERNIER DUC DE BOVR-GOGNE, *tragédie*, privilège du 25 avril 1645, achevé d'imprimer du 27 mai 1645, Paris, in-4°, chez Toussainct Qvinet.

LE DICTATEVR ROMAIN, *tragédie*, jouée sans doute en 1645; privilège du 19 février 1646, achevé d'imprimer du 28 avril 1646, Paris, in-4°; Paris, 1646, in-12°, chez Toussainct Qvinet; Paris, 1647, in-4°; Paris, 1648, in-4°, cette dernière édition porte le titre de *Papyre ou le Dictateur romain.*

# BIBLIOGRAPHIE [1]

*Ancien théâtre françois*, Paris, 1854-57.

Anonyme, *le Capitan ou le Miles Gloriosus*, Paris, 1639.

*Archiv für das Studium der Neuren Sprachen und Literaturen*, 1909, article par W. Küchler sur le commencement du roman psychologique en France.

Arnaud, Charles, *les Théories dramatiques au XVIIe siècle*, Paris, 1888.

Aubignac, François abbé d', *la Pratique du théâtre*, Amsterdam, 1715.

Balusse, *Molière à Bordeaux*, Paris, 1898.

Beauchamps, de, *Recherches sur les théâtres de France*, Paris, 1735.

Bédier et Hazard, *Littérature française*, Paris (1923).

Bernardin, N-M, *Un précurseur de Racine: Tristan l'Hermite*, Paris, 1895.

———: *Hommes et mœurs au XVIIe siècle*, Paris, 1900.

*Biographie universelle, ancienne et moderne* . . . Michaud frères, Paris, 1852.

Bray, René, *la Formation de la doctrine classique en France*, Paris, 1927.

Brunet, J-C., *Manuel du Libraire*, Paris, 1860.

Chapelain, *Catalogue de tous les livres de feu M. Chapelain*, Edited by C. Searles, Stanford Univ., Calif., 1912.

Chappuzeau, Samuel, *le Théâtre françois où il est traité de l'usage de la comédie*, Paris, 1875.

Chardon, Henri, *la Vie de Rotrou mieux connue*, Paris, 1884.

———: *Nouveaux documents sur la vie de Molière*, Paris, 1886.

Corneille, Pierre, *Œuvres* (Grands Ecrivains), Paris, 1862.

De Boer, Josephine, *Life and Works of Guillaume Colletet*, Dissertation, Johns Hopkins University, 1925, unpublished.

Drujon, *Livres à clef*, Paris, 1888.

Fest, *Der Miles Gloriosus in der französischen Komödie*, Münchener Beiträge, 1897.

Fournel, Victor, *Petites comédies rares et curieuses du XVIIe siècle*, Paris, 1884.

———: *les Contemporains de Molière*, Paris, 1875.

———: *la Comédie*, Paris, 1892.

Fournier, Edouard, *le Théâtre français au XVIe et au XVIIe siècle*, Paris, La Place, Sanchez et Cie, s. d.

Goulas, N., *Mémoires*, Paris, 1879-1882.

Körting, *Geschichte des französichen Romans im XVII Jahrhundert*, Oppeln u. Leipzig, 1891.

---

[1] Ici ne figurent ni les œuvres de Mareschal ni les travaux que nous n'avons employés qu'une fois; au dernier cas nous avons signalé les renseignements bibliographiques dans les notes.

Lachèvre, F., *Bibliographie des recueils collectifs de poésies*, 1579-1700, Paris, 1901, supplément, Paris, 1905.

Lancaster, H. Carrington, *le Mémoire de Mahelot* . . . , Paris, 1920.

———: *Pierre du Ryer, Dramatist*, Washington, 1912.

———: *The French Tragi-Comedy; Its origin and development from 1552 to 1628*, Baltimore, 1907.

———: *A History of French Dramatic Literature in the Seventeenth Century*, Baltimore, 1929-1932.

Lanson, Gustave, *Esquisse d'une histoire de la tragédie française*, New York, 1920.

La Vallière, le duc de, *Bibliothèque du théâtre françois, depuis son origine*, Dresde, 1768.

Le Breton, André, *le Roman au dix-septième siècle*, Paris, 1912.

L'Estoile, Pierre de, *Mémoires*, Paris, 1881.

Lavisse, E., *Histoire de France*, VI, Paris, 1905.

Lemazurier, P. D., *Galerie historique des acteurs français* . . . , Paris, 1810.

Limmes, H. P., *Œuvres de Plaute*, Amsterdam, 1719.

Loyseau, Ch., *Traité des ordres*, Cologne, 1613.

Lucas, H., *Histoire philosophique et littéraire du théâtre français*, Paris, s. d.

*Le Moliériste*, Paris, Tome IX, 1888.

Marsan, Jules, *la Pastorale dramatique en France à la fin du XVIe et au commencement du XVIIe siècle*, Paris, 1905.

Michaut, G., *la Jeunesse de Molière*, Paris, 1922.

Molé, M., *Mémoires*, Paris, 1855.

Normand, Ch., *la Bourgeoisie française au XVIIe siècle*, Paris, 1908.

Ovide, *les Métamorphoses en latin et en françois de la traduction de Pierre du Ryer*, Bruxelles, 1677.

Parfaict, Frères, *Histoire du théâtre françois*, Paris, 1745-1749.

Petit de Julleville, Louis, *Histoire de la langue et de la littérature française*, Paris, 1896-1899.

Reynier, Gustave, *le Roman réaliste au XVIIe siècle*, Paris, 1914.

———: *le Roman sentimental avant l'Astrée*, Paris, 1908.

Rigal, E., *Alexandre Hardy et le théâtre français à la fin du XVIe et au commencement du XVIIe siècle*, Paris, 1889.

———: *De Jodelle à Molière*, Paris, 1911.

Sidney, Philippe, *l'Arcadie de la Comtesse de Pembrok*, traductions de J. Baudouin, Paris, 1624-25 et de Geneviève Chappelain, Paris 1624-25.

Soleinne, Martineau de, *Bibliothèque dramatique*, éditée par P. L. Jacob (Paul Lacroix), Paris, 1843-4.

Tallemant des Réaux, *les Historiettes*, Paris, 1854-58.

Urfé, Honoré d', *l'Astrée*, Paris, 1612-1627.